MARGARITA MORANDÉ
YOLANDA SUSAETA

DE LA OSCURIDAD A LA LUZ

CUANDO EL ABUSO SEXUAL
SE ABRE EN LA VIDA ADULTA

Diseño: Estudio SM

© 2025, Margarita Morandé, Yolanda Susaeta
© 2025, PPC, Editorial y Distribuidora, SA
    Impresores 2
    Parque Empresarial Prado del Espino
    28660 Boadilla del Monte (Madrid)
    ppcedit@ppc-editorial.com
    www.ppc-editorial.com

ISBN 978-84-288-4270-9
Depósito legal M 7873-2025
Impreso en la UE / *Printed in EU*

INTRODUCCIÓN I

Hace algunos años, cuando mi amigo Gonzalo, que era historiador, me comentó que existían algunos indicios de que los incas habían llegado a la zona de Santiago –nuestra capital– y que en ese lugar habían construido una ciudadela, me pareció algo sorprendente y alucinante. Desde mi formación de historia de Chile en el colegio sabía que los incas habían construido el Camino del Inca, que pasaba por nuestro país, pero de ahí a que debajo de nuestra capital existiera una ciudadela inca era otra historia.

En esa época, Gonzalo me comentaba que solo eran indicios, pero que había que seguir investigando, ya que se habían encontrado algunos restos y piezas arqueológicas pertenecientes a su cultura.

Obviamente, eso significaba un gran esfuerzo y mucho tiempo de dedicación. Significaba comenzar a juntar cada pieza de un rompecabezas que aún no se manifestaba en todo su esplendor. Sin embargo, eso podía cambiar toda nuestra historia y significaba convencer a muchas personas de aquello.

Tiempo después, estos estudios se siguieron desarrollando y hoy sabemos con certeza que, en efecto, bajo nuestra capital existió una ciudadela inca. Todo esto significó reescribir la historia de nuestro país. Habíamos crecido con una «historia dominante», como señala la terapia narrativa, y ahora había que reconstruir esa historia.

De este modo, cuando me senté a escribir esta introducción, esta experiencia surgió espontáneamente en mi memoria. Tal vez porque es lo más parecido que me ha tocado vivir en la consulta con las personas que han tenido que abrir, en edad adulta, hechos de abuso sexual en su infancia o juventud, no siendo conscientes de ellos.

Muchas veces han llegado por motivos de consulta distintos, y es en el espacio terapéutico donde estas piezas arqueológicas, que a veces son recuerdos vagos o imágenes inconexas, comienzan a conformarse como piezas de un gran rompecabezas. Así comienza un proceso de descubrimientos progresivos que se asemeja a una investigación arqueológica, pero que, sin embargo, está cargada de mucho dolor. Al igual que en el hallazgo de las ruinas incas, este proceso no solo ha significado reconstruir una historia que durante muchos años se encontraba oculta, y de este modo ponerle nombre, sino que, además, este esfuerzo conlleva necesariamente el proceso doloroso de deconstruir la historia dominante de la propia vida para volver a construirla. Esa historia que todos los seres humanos nos contamos para darle sentido a nuestra existencia y que contiene la explicación de quiénes somos.

Al principio, estos hallazgos surgen como contenidos inconexos que, poco a poco, comienzan a cobrar sentido cuando las piezas del puzle empiezan a encajar. Sin embargo, ser consciente de eso parece al inicio algo inverosímil. Así surgen las primeras reflexiones.... ¿será esto real?, ¿me estaré volviendo loco?, ¿por qué no me di cuenta antes?, y así otras tantas más. Asimismo, muchas veces estas preguntas surgen también entre los seres cercanos, pero que no siempre creen en estos hechos, lo que lleva a que muchas víctimas vuelvan a experimentar la revictimización. O bien, desde la impotencia del momento pueden surgir preguntas, sin ser muchas veces conscientes de lo que transmiten, tales, como ¿por qué no me dijiste antes?, lo que pone nuevamente la responsabilidad en la víctima, sin entender lo que una víctima estaba en condiciones de hacer o no hacer en ese momento.

De este modo se inicia, quizá, uno de los procesos más dolorosos existentes en términos psicológicos, pero un camino necesario de recorrer para lograr la reparación y la sanación del cuerpo, la psique, el espíritu y las relaciones con los demás.

Es así como el texto busca ayudar a iluminar este recorrido. Existen en nuestra disciplina muchas investigaciones y literatura que hablan acerca del abuso sexual infanto-juvenil, sus consecuencias, características y proceso terapéuticos, pero poco se ha escrito acerca del recorrido que las víctimas han debido experimentar cuando hechos que, por su estructura traumática, han quedado en el inconsciente, comienzan a ver la luz. Claramente, esto nos pone ante desafíos distintos frente a otras víctimas que mantienen vivos recuerdos de lo vivido o se encuentran temporalmente cercanas a la experiencia.

Por eso, en el texto se abordan preguntas tales como ¿por qué ahora?, ¿qué permite que estas experiencias aparezcan en la consciencia?, ¿qué factores del proceso ayudan en la reparación?, ¿qué aspectos se deben evitar en el proceso?, ¿cómo reconstruir una narrativa personal?, ¿cómo abordar el trabajo con las personas cercanas?, y así tantas otras.

Además, conviene aclarar al lector que este texto no busca mostrar cifras, estadísticas o grandes estudios, sino más bien, a partir de lo desarrollado por las investigaciones y la literatura, entrar en un diálogo experiencial a partir de la vivencia del terapeuta y de quiénes han atravesado este proceso. Por eso, el texto se constituye como una construcción conjunta entre paciente y terapeuta, un diálogo terapéutico entre quienes han recorrido este camino.

Finalmente, agradezco de forma particular a Yolanda Susaeta, con quien nos embarcamos en este desafío, y a todos mis pacientes, que me han dado su confianza, me han abierto sus vidas y me han permitido caminar a su lado. Por ellos y con ellos esto ha sido posible.

Por último, agradezco a mi amigo Gonzalo Sotomayor, que hoy ya no está con nosotros. Gracias, amigo, por tantos encuentros e historias compartidas y por abrirme nuevos mundos.

MARGARITA MORANDÉ
psicóloga y terapeuta

INTRODUCCIÓN II

Hola, me presento: soy tu diario, llevaba tiempo queriéndote escribir unas palabras. He esperado el tiempo oportuno. Desde que me compraste he estado esperando a escuchar la historia de tu vida. Quiero felicitarte por haber dado el paso a abrirte. Gracias por tu valentía, sinceridad de corazón y ternura apasionada.

Antes que nada, quiero que recuerdes la portada de tu diario en las palabras que tú misma escribiste de Pablo Neruda: «Quiero hacer contigo lo que la primavera hace con los cerezos». Así te voy contemplando en este tiempo, renaciendo al amor, la fe y la esperanza.

Querida, confía en ti misma, confía en todos los pasos que has ido dando hasta ahora con tanta honestidad. Siéntete orgullosa de quién eres y de lo que has hecho hasta ahora. Siento tu cansancio, tu dolor y tu miedo por todo lo que has vivido, y también por el descontrol de lo que viene y desconoces.

Acógete en tu dolor, siento que te estás conectando con tu falta de amor en tu persona, por sentirte durante tantos años usada... siento que lo que más te pesa es haber aguantado todo eso.

Quiero decirte algo que sé que ya sabes, «no pudiste hacer otra cosa, no tenías las herramientas, ni el contexto, ni los apoyos para poder romper con todo ello». Y también quiero recordarte que durante todo este tiempo fuiste muy generosa con muchas personas. Eso te ha hecho ser la persona que hoy eres. Te invito a que te perdones y también a que te sientas orgullosa por todo lo que te entregaste. No serías la mujer maravillosa, tierna y fuerte que eres en este momento.

Te invito a que te sigas dejando llevar por el Amor en el hoy concreto, intenta no pensar en el futuro, porque eso te genera mucha incertidumbre y ansiedad. Vive cada instante perdido a fondo. Déjate llevar por el Amor, disfrútalo sin miedo.

Eres una mujer maravillosa, tierna y fuerte a la vez.

Te admiro, te leo y te contemplo, y sé que eres fuente de inspiración para muchas personas. Gózate por quién eres, agradece todo lo bueno de tu pasado, deja a un lado a todas esas personas oscuras y disfruta de los seres de luz que te acompañan en tu vida. Te quiero.

TU DIARIO

He querido comenzar esta introducción con un extracto del diario de reparación de una mujer que fue víctima de abuso sexual en su juventud, y en la mitad de su vida, en el ámbito de la terapia psicológica, pudo poner nombre a la situación traumática de abuso de poder, conciencia y sexual que vivió.

Este texto lo que busca es ayudar a las personas que acompañan a aquellas que han sido víctimas de abuso sexual. Y especialmente quiere ser una fuente de inspiración a tantas personas que, o bien se encuentran sufriendo una situación de abuso sexual, o bien se encuentran en proceso de develamiento o de resignificación. A todas ellas ojalá este texto sirva de inspiración y de fuente de esperanza.

En mi experiencia como trabajadora social y terapeuta me ha tocado acompañar especialmente a mujeres que han sido víctimas de abuso sexual en su infancia o adolescencia-juventud, y que, en la época adulta, a raíz de alguna situación de crisis vital, aflora en ellas el acontecimiento de abuso.

Muchas de las mujeres que me han permitido estar cerca de sus procesos de sanación relatan su experiencia como un paso de la ceguera a la luz, en el que han de volver a aprender a vivir de otra manera vueltas a la luz, a la vida.

El acontecimiento de abuso sexual produce una experiencia de ceguera en el que las emociones, sentimientos, seguridades y valías quedan oscurecidas por la agresión y el abuso. Es un episodio que tiñe la identidad de la persona que lo sufre, hasta el punto de que se llega a convertir en su propia identidad. Cuando aflora al consciente, la persona atraviesa una crisis muy fuerte, porque ha de mirar y releer su vida desde el nuevo acontecimiento descubierto.

Si estás en ese momento, te animo a atravesar el camino de la oscuridad a la luz, en compañía, ya no en soledad y con tu propia voz, ya no en silencio. Puede que la luz llegue a abrumar por lo desconocido e incierto, y que sea difícil confiar en nuevos caminos después de tanto tiempo en la oscuridad y la desconfianza. Solo quiero decirte que no estás sola, que te acompañan muchas personas que han atravesado ese camino, que se han atrevido a dejarse cuidar en su vulnerabilidad herida y abusada, que se han atrevido a denunciar y exigir justicia, que se han atrevido a no identificarse solo como víctimas o supervivientes de una situación de abuso sexual, y que han comenzado procesos de emancipación y de recuperación de todo aquello que creían que les habían robado: su esencia, su conciencia, su sexualidad, su feminidad, su intimidad, su inocencia, su ingenuidad... Ahora, quiero decirte que el abuso sexual no ha destruido lo que tú eres, porque tú eres luz y nada ni nadie puede destruir tu dignidad humana.

Termino esta introducción como comencé, con las palabras de una mujer que está viviendo su vuelta a la luz, su vuelta a la vida. Gracias, Margarita Morandé, por permitirme colaborar contigo en sembrar caminos de sanación y esperanza.

> Cada día que pasa voy encontrándome mejor, más tranquila y en paz, me siento a salvo conmigo misma. Duermo más profundamente y despierto mucho más descansada.
>
> Quiero confiar en mí misma, en que ya estoy rompiendo con el círculo vicioso de negatividad y sufrimiento en mi vida. Ya estoy experimentando un círculo virtuoso lleno de abundancia, éxito, prosperidad, fecundidad, amor, paz, felicidad, plenitud y mucha compasión.
>
> Quiero quemar la denuncia, quiero enterrar todo lo que en estos años he descubierto de mi pasado, he tenido que afrontar, pelear, sufrir, llorar, gritar... y lo quiero enterrar no para olvidarlo, como hice hace tantos años inconscientemente. Mañana lo quiero enterrar, quemar conscientemente, habiendo experimentado cada fase de este proceso tan doloroso... enterrar para que el abuso no siga condicionando ni determinando mi vida.
>
> Quiero morir a tantos patrones relacionados con el abuso de defensas, protección, alerta constante, esfuerzo, pelea, victimismo, vergüenza, culpa, dolor, rabia, ira, tristeza, impotencia, sinsentido, miedo, inseguridad... para transformar toda esa experiencia en ayudar a otras mujeres que también han tenido que transitar por este sufrimiento.
>
> Quiero dar un sentido al sinsentido, elijo vivir desde la responsabilidad con mi propia vida y no desde la culpa. Quiero liberar de la culpa a todos aquellos que me hicieron daño, porque no quiero vivir más desde el rol de víctima.

Elijo desde mi propia libertad y responsabilidad, cortar con todos los patrones asociados al abuso y no acumular más rencor, no acumular más dolor y resentimiento, no dejarme dominar por la ira.

Decido no darles más poder a los otros, decido vivir desde mi propio poder y centro. Decido seguir tomando mi vida en mis manos, respetarme y relacionarme con los demás respetándome a mí misma, y en relaciones de confianza, fe y respeto.

Quiero enterrar la denuncia, quiero dejar atrás todo lo que me pesa de lo vivido y seguir abriéndome a mi vida desde la abundancia y la plenitud, seguir permitiéndome amar y ser amada, seguir creyéndome que me merezco lo mejor, y que lo estoy consiguiendo y que lo puedo conseguir.

Quiero enterrar la denuncia y quedarme de este proceso con todo lo que he descubierto de mí misma. He descubierto de mí misma una gran fortaleza, honradez y transparencia. Y estoy volviéndome a conectar con mi esencia bondadosa, cariñosa y afectiva que me encanta. También he descubierto de mí misma una gran inteligencia, audacia y astucia para transitar este camino.

Me abro a vivir mi vida en paz, amor y compasión, disfrutándome, disfrutando mi vida, de la de los demás, respetando mis tiempos, mis ritmos y mis espacios, volviendo a confiar en el amor y volviéndome a arriesgar a comenzar una nueva vida sin perder mi esencia.

He vuelto a casa, a mi propio cuerpo, y me siento a salvo, segura y en paz. Quiero borrar los recuerdos y memorias del abuso y manipulación de todos esos años y los quiero reconstruir, transformar. He vuelto a casa, estoy a salvo y en paz.

YOLANDA SUSAETA
trabajadora social y terapeuta

1

EL INICIO DEL PROCESO TERAPÉUTICO
Y SU PRIMERA FASE

1. Desde el terapeuta

Las personas que han sido víctimas de abuso sexual en la infancia o juventud, y no son conscientes de ello hasta la vida adulta, suelen llegar a terapia psicológica por otros motivos. En la mayoría de los casos se encuentran una serie de factores comunes que permiten que, durante el proceso terapéutico, aparezca la posibilidad de haber experimentado una situación de abuso. A continuación, me referiré a estos factores.

La mayoría de las víctimas llegan a terapia solicitando ayuda frente a una serie de situaciones vitales estresantes o muy difíciles de atravesar. Han experimentado el límite de sus propias capacidades para resolver esas situaciones, y eso hace que pidan ayuda en un contexto en las que se encuentran vulnerables. Sin embargo, pese a las situaciones externas que pueden operar como detonantes, hay algo más que las tiene disconformes con ellas mismas o con la vida que tienen. Y esto se relaciona con que la mayoría de estas víctimas se encuentran atravesando la crisis de la edad media o mitad de la vida, o en una etapa de vida cercana a esta crisis, que, por lo demás, es una crisis esperable en el desarrollo de todas las personas.

Esto último tiene una explicación psicológica que permite entender por qué se comienzan a abrir estos temas de forma tardía. Lo primero es que, en muchos de los casos, estos temas aparecen cuando el abusador ya no es una amenaza real, ya sea porque vive en otro país o porque ya ha muerto. Generalmente, cuando los abusadores están vivos, comienza a emerger el recuerdo a kilómetros de distancia, poniendo no solo un límite mental con el victimario, sino también un límite físico. Asimismo, las víctimas no pudieron contar lo que les estaba ocurriendo cuando fueron abusadas. En el caso de los niños, no tenían la capacidad de poner nombre y verbalizar lo ocurrido. A su vez, aparece la vergüenza, la amenaza y la culpabilización como mandatos de silencio, y, frente a eso, no hay que desconocer las estrategias que utilizan los mismos abusadores para que ello ocurra. Sobre todo, si consideramos que la mayoría de estas víctimas conocían con anterioridad a sus abusadores y habían generado con ellos un vínculo de cercanía y confianza. En esto quisiera detenerme un momento, ya que es importante aclarar que es difícil mantener en secreto o de forma inconsciente lo ocurrido durante tantos años, cuando la agresión ocurrió de forma violenta por un desconocido. La cercanía con el victimario hace que entre en juego la ambivalencia y mayor sensación de irrealidad, así como el miedo a que nadie crea lo ocurrido, lo que hace más difícil que salga a la luz. Por eso, el aparato mental logra volver a mostrar estos temas en una vida adulta, cuando ya existen las condiciones para ser abordados, en el caso de que aquello no haya ocurrido en su momento.

En muchos casos, también ha ocurrido que los familiares y personas significativas de las víctimas se encontraban viviendo situaciones muy estresantes. Por ello, no había un contexto adecuado que pudiese escucharlas, acogerlas y estar disponible frente a su relato. De este modo, no es raro que las víctimas hayan postergado, de forma inconsciente o consciente, sus propias necesidades frente a los demás, coincidiendo en muchos casos con el rol de hijos parentalizados.

Antes de continuar, quisiera abrir un paréntesis para explicar el concepto de parentalización en caso de que algunos lectores no se encuentren familiarizados con él.

Como refieren Boszormenyi-Nagy y Spark[1], la parentalización consiste en la inversión de roles dentro del sistema familiar, en el

---

[1] I. BOSZORMENYI-NAGY / G. SPARK, *Lealtades invisibles. Reciprocidad en terapia familiar intergeneracional*. Buenos Aires, Amorrortu, 1983.

cual uno o más hijos comienzan a desempeñar el rol de cuidadores o sostenedores del grupo familiar, lo que no les corresponde por la etapa del desarrollo en que se encuentran. De esta manera, los menores postergan sus necesidades en función de las necesidades de los demás. Esto hace que no puedan manifestar sus necesidades ni sentirse vulnerables frente a sus familiares. Asimismo, postergan tareas propias de su desarrollo, ya que debieron desarrollar un rol de adultos antes de tiempo, lo que trae consecuencias para su vida emocional, sus relaciones interpersonales y autoconcepto, y, con ello, su propio proceso de individuación. Si bien el fenómeno es más complejo, quisiera explicarlo en el contexto del abuso. Aquí la víctima, al sentir que es responsable de su sistema familiar, no manifiesta lo ocurrido para no generar problemas en el precario equilibrio del sistema. Con ello no devela lo sucedido, no se permite mostrarse vulnerable ni comunicar sus emociones, y opera la disociación como una forma de continuar su vida en ese contexto.

Probablemente, el abusador era consciente y se aprovechó de esta situación, buscando el momento para cometer el abuso en un contexto de mayor vulnerabilidad de la víctima, para lo cual tomó en consideración el vínculo previo.

En otros casos, las víctimas provienen de familias desestructuradas, donde el victimario pasa a ser una figura significativa de escucha y protección emocional, lo que las víctimas no han encontrado en sus propias familias. O bien son personas vulnerables que han visto o experimentado violencia dentro de su propio núcleo familiar, todo lo cual también es aprovechado por el abusador para actuar. De este modo, si bien pueden ser muchos los contextos familiares en los que se encontraba la víctima, lo común es que el abusador se aprovechara de esta situación y del vínculo establecido. En casi todos los casos son personas mayores que las víctimas, y que mantienen algún grado de jerarquía o autoridad, pero que con su cercanía logran la confianza de la víctima. Por ello, darse cuenta de eso en el proceso terapéutico es muy doloroso y vuelve a cuestionar la confianza frente a las relaciones establecidas en la vida, porque hay que poner el nombre de abusador a alguien cercano que mantuvo un vínculo significativo y amoroso en el pasado.

Es así como nuevamente aparece el cuestionamiento de la realidad de los recuerdos... ¿habrá sido realmente así?, ¿será que estoy exagerando o me lo estoy imaginando?, todo lo cual se conjuga con imágenes poco nítidas o inconexas. Pero, justamente, explicar cómo opera el trauma ayuda a las víctimas a entender su propia experiencia y por qué está apareciendo de esta forma ahora en su conciencia.

Tal como explica Lecannelier[2], cuando los menores experimentan un dolor tan fuerte, la amígdala en nuestro cerebro se activa de forma crónica, indicando una señal de alerta constante. Así, el hipocampo deja de funcionar, generando la pérdida de recuerdos de eventos significativos. Por ello, muchas de las personas que han experimentado traumas tienen vacíos en su memoria y son incapaces de recordar las situaciones vividas. En términos psicológicos, nuestro aparato mental, para seguir funcionando y adaptándose a la realidad, genera una respuesta de disociación o represión, dejando esos recuerdos en el inconsciente. Sin embargo, si bien este mecanismo de defensa es útil para el momento en que ocurre el abuso y la necesidad de seguir funcionando en la vida cotidiana, tiende a ser desadaptativo en la vida adulta, trayendo consecuencias. Con ello quiero decir que una situación traumática de abuso sexual tiene consecuencias en el cerebro y en el mundo psíquico de la víctima. Y la magnitud de esas consecuencias también dependerá del tipo de abuso, su cronicidad y otros condicionantes.

Pero volvamos al proceso. Aquí no hay que olvidar que al lado de la víctima pueden existir otras personas cercanas que están viviendo el mismo proceso, pero que no están necesariamente en un contexto terapéutico. Me refiero a algunos familiares, parejas o personas cercanas que también tuvieron contacto con el abusador

---

[2] F. Lecannelier, *El trauma oculto en la infancia. Guía científicamente informada para padres, educadores y profesionales.* Santiago de Chile, Penguin Random House, 2018.

y mantuvieron un vínculo de cercanía, afecto y confianza con él. Estas personas también se sienten víctimas de traición, pero, a su vez, dudan de los recuerdos. Algunos, además, sentirán ambivalencia y no entenderán por qué ahora se está develando el abuso. Esto se suma a que, lamentablemente, existen pocas intervenciones en la materia que consideren la victimización secundaria. En algunos casos también ocurre que prefieren no decir nada porque creen que abriendo el tema pueden causar más dolor a la víctima o preferirán no pedir ayuda porque se sienten culpables o de alguna manera responsables de lo ocurrido. Sin embargo, cuando estas personas deciden en esta etapa iniciar su propio proceso de reparación o ponerse del lado de la víctima, el proceso de reparación inicial de la víctima se potencia y toma un curso de mayor sanación. No hay que desconocer que, en este contexto, la víctima ya está viviendo un proceso muy doloroso, y es más doloroso aún si sus seres significativos no la apoyan, no la entienden o la cuestionan.

Así, y lo retomaremos más adelante en el desarrollo del libro, uno de los temas importantes de abordar en el proceso es a quién contar lo ocurrido y a quién no contárselo, ya que todos tienen diferentes formas de reaccionar frente a este tipo de noticias; y tampoco la sociedad, con todas sus circunstancias, está hoy preparada para escucharlas y acogerlas. Lo más duro en estos casos es el aislamiento de la víctima por parte de otros, su cuestionamiento o incluso su difamación, señalando que es mentira lo ocurrido, que los problemas son responsabilidad de ella o que, simplemente, se deben a problemas personales de salud mental. Lidiar con todo esto frente al propio dolor es muy abrumador y, en algunos casos, insoportable. Más aún si otros la acusan de haber causado la situación de abuso: «Tú lo provocaste», «tú lo consentiste», «tú sabías lo que podía ocurrir y no te cuidaste o no nos dijiste nada».

Pero volvamos al inicio del proceso terapéutico. En esta primera fase ocurre la develación del abuso. Y, desde mi experiencia terapéutica, se caracteriza por dos momentos importantes; el primer momento se caracteriza por volver consciente el abuso, y el segundo momento continúa con el cuestionamiento de la propia vida a partir de asumir esta realidad.

El primer momento está teñido de mucha angustia y dolor. Se experimenta una sensación de irrealidad y de que «no puede estar pasando realmente ahora». Comienza la búsqueda de todo lo que pueda dar algún sentido a esta experiencia. Las imágenes inconexas comienzan a encajar en un gran rompecabezas al cual aún le faltan piezas. Se busca información en recuerdos o en algunas personas cercanas que puedan ayudar a reconstruir la historia con las piezas que faltan. Y las cosas comienzan a adquirir sentido. Tampoco es raro que la víctima comience a tener pesadillas con el abusador, que en algunos casos se vivencian como muy reales. Parte del material reprimido aparece entonces desde el inconsciente a través de los sueños. Pero si bien eso tiene que ver con la sabiduría de nuestro propio aparato psíquico, el cual está intentando elaborar el trauma, para la víctima es muy agotador. No duerme bien, aparece el miedo y la angustia en los sueños, por lo que es muy difícil irse a dormir por las noches, sobre todo porque no se tiene control de ello. Así, al igual que en el pasado, el abusador irrumpe en la intimidad de la víctima sin que esta pueda controlarlo. La única forma de salir de ahí es despertando de la pesadilla y volver a la conciencia, lo que simbólicamente coincide con el proceso de reparación.

Por otra parte, también es normal que en esta etapa las víctimas deseen aislarse. El dolor que se experimenta es difícil de compartir. Muchas veces se debe recurrir al tratamiento farmacológico para estar bien y tener la fuerza suficiente para seguir adelante. El recuerdo comienza a plasmarse en los pensamientos, en las emociones, en el cuerpo, y nuevas imágenes comienzan a aparecer. La propia historia comienza a revisarse y a cuestionarse, como si estuviese construida sobre cimientos negativos que no se conocían, que nunca se imaginaron y que ponen en cuestión toda la construcción posterior.

Y así comienza el segundo momento. Momento lleno de preguntas y autocríticas. ¿Por qué a mí?, ¿cómo no me di cuenta antes?, ¿está toda mi vida basada en esto?, y tantas otras. Es una etapa llena de cuestionamiento respecto a sí mismo y los demás. Comienza a verse todo el pasado teñido del abuso sufrido: la forma de actuar, de vestirse, la relación con el cuerpo, con los demás, incluso la propia vocación y proyecto de vida. Y justamente el riesgo es que no se rescate nada del pasado libre de abuso. Que se cuestione la propia identidad solo con las lentes del abuso y no se procuren espacios para otras experiencias vividas que, siendo significativas, estaban cargadas de cuidado, afecto sano y sincero. Aparece quizá el alivio de decir «ahora entiendo por qué soy así», «ahora me lo explico todo», pero «¿habría sido alguien distinto si esto no me hubiese pasado?», «¿cuántas cosas quizá me perdí por esto?», «¿me gusto realmente como soy?». Y entonces comienza a aflorar la rabia en el proceso, rabia contra el abusador, rabia por la injusticia de que otro determine el curso de la propia vida y rabia contra sí mismo por no haberse dado cuenta antes, por haberse postergado de forma inconsciente tantas cosas buenas que definieron finalmente lo que se es ahora. Y entre rabia y descubrimientos las víctimas comienzan a explicarse todos los aspectos de sí mismas por la experiencia de abuso.

Cabe añadir que esta rabia también puede aparecer frente a los seres cercanos y significativos, debido a la falta de cuidado, a que no se hayan dado cuenta antes o a que no hayan estado disponibles en ese momento para procesar y actuar sobre lo ocurrido. Y si bien esto es algo esperable y necesario en el proceso de reparación, en muchas ocasiones existe poco acompañamiento a los seres cercanos para que puedan comprender desde dónde proviene la rabia, de modo que se pueda acoger y no cerrarse defensivamente frente a la víctima. Se hace necesario psicoeducar y acompañar de forma terapéutica, de manera que no se cargue a la víctima con sus propios dolores: la víctima necesita que la cuiden y no cuidar a otros, que la consuelen y no consolar a otros, que se pongan en su lugar y no tener que estar poniéndose en el lugar de otros. Asimismo, es importante que puedan comprender que este proceso es necesario y que no significa necesariamente el quiebre de la relación.

Obviamente, dependiendo de cada caso y de la participación consciente o no del secreto del abuso.

En esta situación, pedir disculpas sinceras por parte de los demás es muy reparador. Pero eso se conjuga en el hecho de que también, en muchos casos, han sido víctimas de traición. Por eso es importante abordar con ellos lo que es la diferencia entre el propio proceso de reparación y lo que pueden hacer para ayudar a la víctima desde su rol.

A su vez, hay que señalar que no es inusual que la víctima manifieste en algunos momentos enojo o rabia en contra del terapeuta. Es parte del proceso y así debe ser entendido por quienes acompañamos la terapia. En ocasiones, el terapeuta se verá envuelto en las proyecciones de ser investido en el papel del abusador, y esto se debe a que, en ese contexto, se vuelve a experimentar la vulnerabilidad y el dolor sufrido, tomando consciencia de él. La víctima intentará tomar control de la situación, ya que es justamente lo que no pudo hacer en el pasado. Por otra parte, esperará que el terapeuta actúe en reemplazo del cuidado y protección que no tuvo en ese momento, lo que puede ser cuestionado si no se cumple con las expectativas de comprensión y protección esperadas. Comprender esto es muy necesario para no romper la alianza terapéutica y seguir avanzando en el proceso. Es necesario acoger y procesar la rabia manifestada y devolverla de una forma terapéutica. Así como también ofrecer los cuidados y protección necesarios, ajustando las expectativas. De lo contrario, se puede caer en el error de repetir patrones ya experimentados por la víctima, que claramente no la ayudarán en su proceso de reparación.

En relación con esto me gustaría señalar, según mi experiencia, algunos aspectos necesarios que los terapeutas deben abordar en cada uno de los momentos de la primera fase o etapa.

Lo primero es que es necesario ayudar a la víctima a poner nombre a lo ocurrido. Es necesario validar la experiencia vivida como algo real y acompañarla en la búsqueda de las respuestas que necesita para asumir la realidad que comienza a cobrar fuerza en la conciencia. Junto a esto se debe reforzar que nadie tiene derecho a hacerle daño. Por una parte, la clarificación, y, por otra, la convicción de que ha sido un acto de injusticia y que nada lo justifica, ayuda a poner nombre a la sensación de irrealidad y a externalizar la culpa y responsabilidad en alguien concreto que actuó de manera violenta e injusta. Este quizá es el primer paso para separar a víctima de victimario. No hay que desconocer que, cuando el victimario es alguien conocido y significativo para la víctima, opera una dinámica perversa que entrampa a la víctima en una relación de la cual es muy difícil salir. Así, la reparación no solo debe considerar el abuso mismo, sino también la reparación de las dinámicas relacionales abusivas.

Asimismo, es necesario que la víctima sea consciente de que en ese momento no tuvo oportunidad de actuar de otra manera. Y esto debido a su edad, miedo, confusión, amenaza o incluso porque no tuvo la oportunidad de significar la experiencia de alguna manera. Esta afirmación certera y asimilada por la víctima ayudará a que comience a verse como víctima y no como cómplice de lo que otros hicieron con ella.

En ese momento es muy importante la psicoeducación acerca de las experiencias traumáticas y cómo ellas se manifiestan en el presente, así como el acompañamiento incondicional ante los interrogantes, protección y seguridad del espacio terapéutico. Es decir, reforzar de alguna manera que el abuso develado no dañará el espacio de psicoterapia y el vínculo con el terapeuta.

Por otra parte, es necesario acompañar el proceso de deconstrucción de la propia historia dominante, aquella que la víctima ha construido a lo largo de la vida para explicar quién es y cómo es. Y esto requiere mucho cuidado. Si bien hay que acoger los cuestionamientos y validar que muchos aspectos están relacionados con la experiencia de abuso, también es importante focalizar el daño y hacer visible las áreas libres de abuso. De lo contrario, el abusador seguirá ejerciendo control sobre la víctima desde su poder. Que la víctima comprenda que no todo ha sido dañado por la experiencia de abuso es fundamental para que no se encasille en una definición arbitraria que ya no se puede cambiar, lo que repercute en la propia autoimagen y autoestima.

Finalmente, otro aspecto importante que hay que considerar es que el perdón no es exigible. Es un acto gratuito, libre y voluntario de la víctima. Más aún si el abusador no ha pedido disculpas, lo que ocurre en casi todos los casos. El perdón surge siempre y cuando la víctima desee hacerlo, y, en cambio, apurar el proceso o presionarla para que lo haga solo puede generar la sensación de minimizar lo ocurrido. Aquí lo que importa es acompañar y respetar los tiempos de la víctima y su propio proceso, no imponer desde fuera una forma de resolverlo.

2. Desde la víctima

Invito a escuchar el relato de una mujer que fue víctima de abuso sexual en su juventud y que, en su edad adulta, en el ámbito de la terapia psicológica, pudo poner nombre a la situación traumática de abuso de poder, de conciencia y sexual que vivió en aquel entorno.

Esta mujer, que fue víctima de abuso sexual en su juventud, no fue consciente de ello hasta la mitad de su vida. Este develamiento se produjo en el marco de un proceso de terapia psicológica que dio inicio por haber llegado al límite de sus propias capacidades para resolver situaciones vitales estresantes. Esta mujer se encontraba atravesando la crisis de la mitad de la vida, con una profunda insatisfacción que le llevó a realizar diferentes cambios externos en busca de mayor bienestar, entre ellos, el cambio geográfico. Esa distancia geográfica le permitió poner distancia física y emocional con el agresor, lo que se convirtió, sin que ella lo supiera, en la oportunidad de poder poner nombre y verbalizar lo que le ocurrió muchos años atrás.

En una sesión de terapia, tiempo después de iniciar la terapia psicológica, pudo hablar por primera vez con alguien de aquellos episodios que vivió y que tenía tan escondidos. Siempre creía que había sido culpa de ella. Durante muchos años negó su cuerpo, funcionaba hasta que reventaba y enfermaba. Vivía fuera de sí, no podía conectarse con su cuerpo ni con sus sensaciones corporales. Vivía en tensión constante y su cuerpo era su enemigo. Vivía hacia fuera, se volcaba en los otros, sin encontrar consuelo ni descanso en su cuerpo ni en su interior. Nunca pensó que a partir de aquella sesión de terapia le esperaban años tan duros y difíciles.

En el momento en que habló de los hechos ocurridos con el agresor en terapia psicológica se sintió liberada y también quedó en *shock*, y no lo podía creer. Cuando salió de la sesión con la psicóloga, no quería ver a nadie, quería estar sola y desaparecer. Algo se había roto en ella. Durante ese tiempo le costaba dormir, tenía pesadillas que no lograba recordar bien, se dedicaba a estar sola, a releer diarios, a encontrar explicación a lo que acababa de descubrir. Tenía miedo de que las personas con las que convivía la notarán rara y diferente.

Pasó bastante tiempo hasta que pudo hablar con alguien, además de con su psicóloga. Le costó mucho dar el paso; cuando hablaba, conectaba con la pena y con la rabia, además de con la culpa y la vergüenza. Además de todo eso quería proteger a las personas a las que se lo contaba.

Los primeros meses fue compartiendo lo descubierto con su entorno más cercano, entorno en el que se produjo el abuso sexual y en el que permanecía el abusador. De alguna manera, creía que iba a sentirse apoyada y comprendida, y lo que fue experimentando es que se sentían atacados y amenazados por lo que había descubierto, y a ellos y ellas les denunciaba y cuestionaba.

De esa primera etapa más de pena, de culpa... se fue conectando con la rabia por la injusticia de lo que había vivido, por haber vivido tantos años de su vida como si nada de lo que le ocurrió cuando era joven hubiera pasado, y comenzó a cuestionarse la vida que había vivido hasta ese momento y la necesidad de tomar decisiones. Pena, culpa, rabia, incertidumbre...

La rabia le movilizó a dar pasos tremendos de lucha y pelea. Conseguir que se hiciera un protocolo ante situaciones de abuso sexual en su entorno eclesiástico y poder denunciar los hechos ocurridos con el deseo de buscar justicia.

Una vez puesta la denuncia volvió a aflorar la pena y la tristeza, unido a un cansancio profundo. Pena y tristeza por experimentar que, a pesar de que la justicia falló a su favor, las medidas de sanción hacia el agresor no la protegían, e incluso tuvo que develar su identidad para que se hiciera público el nombre del agresor. Jamás imaginó que tanto esfuerzo y pelea iban a traer más sufrimiento, desprotección y revictimización, e incluso difamación. Después de todo aquello fue clave iniciar un tratamiento farmacológico que, junto con la terapia psicológica, ya centrada en la reparación y otros cuidados físicos –como masajes, cuidado de dolencias–, le fueron ayudando a recuperar la energía.

Otro proceso muy doloroso para esta mujer fue asumir que el abuso sexual se produjo en un contexto abusador y que, para seguir sanando, era importante poner distancia de ese contexto, de las personas que formaban parte de él, para volver a vivir, tomar decisiones, volver a confiar, sentirse digna de ser amada con ternura, con cariño.

A través de la lectura de algunos fragmentos de su diario de reparación, que comenzó a escribir años después de comenzar el proceso terapéutico, se van vislumbrando las diferentes etapas por las que atraviesa en su proceso terapéutico. Su diario de reparación, como herramienta de la terapia narrativa, ayudó a esta mujer a poder leer su historia y reescribirla.

> Querido diario:
> Años después de comprar este cuaderno es el momento de escribir mi diario de reparación [...] Me emociono al conectarme con el dolor vivido estos años. Jamás me habría imaginado que este viaje exterior albergara un viaje interior tan profundo, doloroso y liberador a la vez.
> En la mitad de mi vida siento la necesidad, casi de supervivencia, de cortar con todo y salir para poder ser yo misma en libertad, en mi esencia verdadera. Cuando llegué, sentí interiormente que estaba a salvo, lejos de todo, y me conecté con el cansancio y el dolor; me

sentía profundamente cansada y ahogada, y no sabía por qué. Tomé conciencia de la necesidad de ayuda psicológica, me di cuenta de que estaba más rota de lo que creía. Jamás me imaginé que el inicio de la terapia psicológica me llevaría a poner nombre, de la mano y con la ayuda de mi psicóloga, de que fui víctima de un abuso sexual en mi juventud y que tenía reprimido.

Fueron necesarios muchos años para que esta mujer pudiera develar los episodios de abuso sexual que vivió en su juventud. Esta mujer, en su juventud, no tuvo el contexto adecuado para ser escuchada y acogida en su relato de haber sido abusada sexualmente por una persona mucho mayor que ella, y que ejercía una posición de poder ante ella en el entorno eclesiástico al que pertenecían.

Me tocó desde muy niña protegerme de un ambiente familiar estresante. De esa manera, instalé en mí desde muy niña la vivencia de responsabilidad y de autoexigencia. En la adolescencia me tocó madurar antes de tiempo.

En ese contexto de vulnerabilidad, el abusador, que se había convertido en una figura de confianza y protección emocional, aprovechó la ocasión para cometer con ella los hechos de abuso sexual. Todo ello provocó en la mujer un quiebre en su confianza hacia ella misma y hacia los demás, con dificultades en el establecimiento de relaciones de intimidad con otras personas.

Encontré a alguien que me hacía caso, me escuchaba [...] El hechizador me hacía sentir bien, me escuchaba, me protegía [...] él captó esa necesidad y la utilizó para satisfacerse sexualmente. De aquella experiencia quedé trancada afectiva y sexualmente, y me cerré a la posibilidad de recibir, como si ese deseo y anhelo fuera mi enemigo y fuera a hacerme daño. Me confundió.

Esta mujer jamás imaginó el proceso que tenía por delante. Durante ese tiempo retomó la lectura del libro *Mujeres que corren con lobos,* de Clarissa Pinkola Estés. Especialmente se detuvo en el relato «La mujer esqueleto», que cuenta la historia de una mujer que ha sido despojada de su esencia, representada en sus huesos, que han sido dispersados y olvidados, y cómo a través de un viaje de búsqueda y recuperación la mujer se conecta con sus huesos y, en el proceso, redescubre su poder e identidad perdida. Como «La mujer esqueleto», esta mujer transitó por un proceso largo de sanación, no exento de dolor.

En el momento del develamiento del abuso sexual le tocó transitar por un torbellino de emociones: miedo, ira, tristeza, rabia y confusión. Como «La mujer esqueleto» pierde sus huesos; esta mujer sentía que había perdido y le habían robado una parte importante de su esencia, como su confianza, autonomía y seguridad personal. Se sentía muy confundida, muy dolorida, muy triste y con rabia, no entendía por qué le habían robado su esencia.

> Estaba muy reacia a tomar medicación y comencé con un tratamiento alternativo con *reiki* y masajes con una kinesióloga. Los masajes mensuales y el *reiki* me fueron conectando con mi propio cuerpo y emocionalidad. Recuerdo una de las primeras sesiones, en la que tenía un fuerte dolor en la escápula izquierda; al final de la sesión me hizo *reiki* y sentí en mi corazón como si me clavaran un puñal. Sentía que estaba con muchos duelos a la vez y tampoco sabía muy bien por qué me sentía tan angustiada. Pasé días en que lo lloré todo.

Además, en el momento en que la mujer develó el abuso sexual, su círculo más cercano no fue de validación ni de apoyo, sino más bien de revictimización; incluso no respetaron la confidencialidad del develamiento del abuso sexual. Hay que añadir que todo ello se produjo en medio de un proceso de denuncia, lo que aumentó el desgaste y el quiebre físico, psicológico y espiritual de la mujer. Fue así como años después de develar el abuso sexual, la mujer tomó la decisión de comenzar un tratamiento de apoyo farmacológico.

> Han sido años muy agotadores desde que develé el abuso sexual. Confié en las personas de mi entorno para que actuaran con justicia, y lo que he vivido ha sido abandono, encubrimiento y revictimización.

Le conté al responsable del entorno eclesiástico en que sufrí el abuso sexual que había descubierto que había sido abusada sexualmente. Recuerdo que, después de aquella conversación tan difícil, tuve que acompañarlo al médico, porque él no se encontraba bien. Me sentí muy mal por dentro; yo necesitaba ser protegida y tuve que proteger al que debiera protegerme, acompañarme y velar por mí.

No tuve el espacio sano y seguro para soltar mi pena, rabia, cansancio, y entonces reprimí mis emociones y seguí adelante como si no hubiera pasado nada.

Han sido años muy agotadores en la relación contigo, me he sentido herida por ti incluso más que por mi abusador. Confié en ti para que actuaras con justicia y lo que he vivido es un proceso tremendamente doloroso de abandono, encubrimiento y revictimización.

Atravesé el túnel de la oscuridad, caminé sin ver, grité sin ser escuchada, me golpeé y me golpearon sin ser curada ni consolada, y conseguí salir de ese túnel en el que había también otros ciegos que se creían guías y no me dejaban avanzar.

Fueron años de muchas peleas, de mucho esfuerzo por mi parte de alzar la voz, de defender la justicia, que acabé agotada.

Durante el proceso de sanación de la mujer fue clave el proceso de acompañamiento psicológico. En ese proceso afloraron los miedos a mostrase vulnerable, a que tuvieran demasiado poder ante ella, como lo tuvo el abusador con ella cuando estaba tan vulnerable.

Ayer, en la terapia, me di cuenta de que me he visto proyectada en mi psicóloga, he estado a la defensiva con ella, con mucha rabia hacia ella de sentir que estoy retrocediendo en mi propio proceso. Me siento atascada con mi psicóloga, siento que no se entera del proceso que estoy viviendo, y la verdad es que no sé por qué, pero no me siento cómoda con ella. Siento que esto de la terapia psicológica no tiene fin y necesito descansar de tanto analizarme a mí misma.

A pesar de las dificultades que la mujer experimentó en el acompañamiento terapéutico, este fue un espacio de poder evaluar el impacto que el abuso sexual tuvo en varios aspectos de su vida e ir tomando decisiones para sanar y avanzar.

De lo que me voy dando cuenta es que, ante situaciones que vivo de amenaza, incertidumbre e inseguridad, tengo muy instalado reaccionar desde la ansiedad y el estrés, y me sale la precipitación y la búsqueda de validación externa de los pasos que hay que ir dando. Quiero limpiar interiormente y desbloquear esos mecanismos de defensa que durante mucho tiempo me han servido de escudo protector, pero ya no me sirven e incluso me hacen daño.

Y los años siguientes al abuso iba repitiendo el mismo esquema y patrón de comportamiento. Cargar con responsabilidad, querer solucionar la vida a todo el mundo, cargarme, agotarme, sentirme sola, resolver y resolver, y rodearme de ambientes y personas conflictivos que me solicitaban esa imagen de salvadora.

De ahora en adelante, ¿qué mecanismos quiero dejar a un lado?:
- Fusionarme con los otros, hacer que me niegue a mí misma y me identifique con los problemas de los otros. No quiero vivir fuera de mí misma.
- Disociación: no quiero vivir disociada de lo que vivo y siento.
- Precipitación, impulsividad, impaciencia, estrés, agitación.
- Control, para tenerlo todo claro, ordenado, vivir sin pendientes.

Esta mujer, en su viaje de búsqueda y sanación, va aprendiendo a mirarse con cariño y compasión. Aprende a perdonarse, a comprender que, ante el abuso sexual, no tuvo oportunidad de actuar de otra manera; de esta forma comienza a verse como víctima y no como culpable:

Querida, acógete en tu dolor, siento que te estás conectando con tu falta de amor por sentirte durante tantos años usada, siento que lo que más te pesa es haber aguantado todo eso. Quiero decirte algo que sé que ya sabes, que no pudiste hacer otra cosa, no tenías ni las herramientas, ni el contexto, ni los apoyos para poder romper con todo ello.

A lo largo de este proceso, la mujer comienza a reconectarse con su esencia perdida, con su esencia robada. Además de afrontar su dolor ante el trauma, comienza a descubrir su fuerza interior, su sabiduría y su capacidad para sanar y crecer.

El abuso no destruyó lo que yo soy. Mi ser espiritual no ha enfermado, y tampoco han conseguido destruirlo, está puro y en esencia, y tengo la certeza de que nada ni nadie podrá violar ese espacio sagrado que habita en mi interior, que es Dios mismo. Me siento muy agradecida de poder darme cuenta de esta experiencia tan honda. Me estoy permitiendo que me vean en profundidad, en mi vulnerabilidad, teniendo el coraje de ser imperfecta. Y en mi vulnerabilidad quiero elegir dejar de gritar y escuchar en mi interior que soy capaz, que soy digna de ser amada, de amar, que soy merecedora de rehacer mi vida.

Esta mujer fue recuperando su poder personal, sanando sus heridas y resignificando lo que le ocurrió. Se fue sintiendo en paz, recuperando su esencia, su espiritualidad, que creía perdida, robada. No siente la necesidad de perdonar a su agresor, quiere seguir aprendiendo a perdonarse a sí misma, a mirarse con compasión y dignidad, quiere seguir deshaciéndose de todos aquellos patrones que le conectan con el abuso sexual y no vivir determinada por lo que le ocurrió; su vida es más y quiere seguir aprendiendo a vivir como viviente, a permitirse ser feliz, fluir y disfrutar. Tal vez el perdón hacia el agresor y hacia el entorno eclesiástico no sea para ella fruto de su esfuerzo, sino que lo deja en manos de Dios.

Poco a poco voy conectándome en paz conmigo, en mi esencia, donde Dios habita en mí. Poco a poco voy soltando el cuerpo del dolor que me ha ido identificando en el pasado, y en el hoy de mi vida voy soltando todo aquello que me aleja de mi ser interior. Soltar, no sé si perdonar; tal vez no pueda saberlo, fluir, centrarme en el hoy me ayuda a ser más feliz. Yo me perdono absoluta y amorosamente por no haber develado cuando ocurrió el abuso sexual.

Quiero abrirme a soltar la línea causal daño-castigo y abrirme a la reparación espiritual e interior, siento que quiero soltar mi pasado, liberarme de la carga del sufrimiento y que otros llevan por haberme hecho daño; siento que he de pedir también por la conversión del corazón de esas personas que tanto daño me hicieron y pedir la paz del corazón para ellas también.

SEGUNDA FASE DEL PROCESO

1. Desde el terapeuta

Una vez que se ha trabajado la develación del abuso y todo lo que ello implica, se avanza en una segunda fase del proceso terapéutico. Cabe aclarar que cada una de estas fases y las que siguen se diferencian entre sí más bien por sus características y no necesariamente por la temporalidad, ya que el ritmo de este proceso dependerá de cada caso en particular. Asimismo, no todas las personas atraviesan todas las etapas o fases, ya sea dentro de un mismo proceso terapéutico o en procesos diversos, ya que eso también depende de otras variables, como son la disponibilidad de la víctima, la experiencia del terapeuta y el apoyo de los seres cercanos, entre otros. Sin embargo, hay que tener en cuenta que todo proceso de reparación requiere tiempo y constancia, por lo que es importante ir manejando las expectativas del consultante o paciente.

Habiendo aclarado lo anterior, me gustaría hablar de esta segunda fase y de aquellos aspectos que son importantes de abordar según mi experiencia terapéutica. En una primera instancia, los nombraré y luego los iré desarrollando uno a uno. Estos aspectos son: la corporalidad y sexualidad, la confianza, la justicia, los límites, la autoestima, el autocuidado, la develación y la aceptación.

Quisiera comenzar con este último aspecto, que, si bien solo se logra habiendo pasado por las otras temáticas, es importante aclararlo desde un inicio en este libro.

Cuando me refiero a aceptación, no me estoy refiriendo a resignación. Y esto porque la resignación implica una renuncia, mientras que la aceptación implica asumir una condición. Si bien la aceptación puede requerir también una renuncia, permite, por otra parte, una incorporación. De alguna manera, la resignación es un acto pasivo que invita a no realizar nada, mientras que la aceptación genera un movimiento que incorpora un cambio.

Teniendo esto presente, es importante trabajar en terapia la aceptación de lo vivido y lo que implica «aprender a vivir con ello». Esto significa no aceptarlo pasivamente, pero sí incorporarlo e integrarlo en la historia personal, sabiendo que podrá seguir afectando en otros momentos de la vida. Con esto quiero decir que la reparación no impide que en algunas circunstancias la experiencia de abuso pueda volver a ser una figura significativa en la vida de la víctima, pero sí que la forma en que la afectará será distinta, ya que con la reparación se busca que la experiencia sea consciente, pero no que por ello se transforme en la historia dominante de la vida del consultante. Me parece que este punto es importante explicitarlo al final de la terapia, para que no sea considerado como un fracaso terapéutico en caso de que ocurra, que por lo demás es esperable.

Ahora bien, como se ha mencionado anteriormente, un aspecto importante para abordar es la corporalidad y la sexualidad, y me refiero a sexualidad en el amplio sentido de la palabra.

En la mayoría de los casos, a partir de la experiencia de abuso, el que sale más afectado es el cuerpo. Y, cuando hago esta afirmación, lo hago no solo por el daño que pudo causar el abuso en sí mismo, sino porque es donde inconscientemente se encarna el recuerdo en la víctima. De este modo, no es raro encontrarnos con víctimas que descuidan su cuerpo, que lo oculten, que intenten eliminar algunas de sus características sexuales, por ejemplo, con trastornos alimentarios, o que también presenten somatizaciones. Así, en la medida en que la experiencia de abuso se va haciendo cada vez más consciente y presente, también lo va haciendo el maltrato a la corporalidad; maltrato que no solamente ha sido realizado por el victimario, sino muchas veces por la propia víctima, como forma inconsciente de eliminar la experiencia vivida.

De esta manera, parte de la reparación consiste en cambiar ese maltrato por un buen trato, y para ello hay diferentes métodos. Desde mi experiencia como terapeuta, lo primero es tomar conciencia del maltrato y comenzar a escuchar lo que dice nuestro cuerpo. Por ejemplo, intentar escuchar los síntomas en caso de somatizaciones y comprender qué nos comunica el cuerpo a través de ellas. También poder concederse el espacio para vivir y expresar las emociones y cuidar el cuerpo a través de baños, masajes, yoga, *reiki* y otro tipo de terapias complementarias. Lo más importante es que la víctima pueda volver a integrar todos sus aspectos y que no perciba su cuerpo como una amenaza o fuente de dolor.

Esto último también puede ocurrir en el ámbito sexual, ya sea en la intimidad de la pareja como en los tipos de contactos con otros, vestimenta y otras manifestaciones de identidad sexual. Desde este punto de vista, hay dos conceptos básicos que se deben trabajar: el respeto y la comodidad. En el caso del respeto, es tanto respeto por uno mismo como el que otros puedan expresar. Y en el caso de la comodidad, es reconocer cómo sentirse cómodo con uno mismo y frente a los demás. Esto implica un proceso de autoconocimiento respecto a lo que se desea, lo que hace sentirnos bien y los límites personales. Así, por ejemplo, en el plano de la intimidad es importante reconocer cuáles son las cosas que hacen a la víctima sentirse respetada, aquellas que le generan placer y las que no le gustan. Esto implica, en muchos casos, un trabajo en pareja que abra el espacio a la conversación y exploración, sin traspasar los propios límites. En otros ámbitos, esto significa también explorar nuevas formas de vestirse, arreglarse, y actividades que permitan a la víctima integrar su corporalidad, sintiéndose cómoda, lo que permite ampliar las posibilidades que habían sido restringidas.

En cuanto a la confianza, cabe señalar que las víctimas corren el riesgo de caer en dos extremos: la desconfianza generalizada hacia otros y la confianza sin autocuidado, es decir, sin discriminación. Una de las alteraciones que provocan los abusadores, cuando son personas significativas para las víctimas, es que alteran el sensor interno que todos tenemos y que nos permite registrar y comprender ciertas señales que activan el autocuidado. Las dinámicas perversas de abuso hacen que las personas no puedan discriminar estas señales, ya que es propio de la perversión mostrarse como alguien que no se es, engañando a la víctima. Es decir, manifestarse como alguien significativo, cuidador, afectuoso o protector, mostrando posteriormente todo lo contrario cuando la víctima no tiene escapatoria. De esta manera, tal como señala Perrone[3], el abusador rompe los registros comunicacionales de la víctima, lo que la deja en la indefensión.

Realicemos un ejercicio y pensemos esto en términos cotidianos y coloquiales. Pensemos que todos contamos con un gran filtro incorporado en lo que somos, el cual se ha constituido desde nuestra biología e historia de supervivencia, nuestra socialización y cultura, nuestras experiencias, y la experiencia de millones de años de la humanidad. Este filtro es el que nos ha permitido sobrevivir como especie, como personas y como seres sociales en comunidad.

Lo que hace el abusador con sus dinámicas abusivas es que se desconfíe del registro de este filtro, ya que en el pasado dejamos pasar experiencias dañinas cuando debieron ser detenidas antes de tiempo, lo que tiene consecuencias en la víctima en todos los ámbitos anteriormente mencionados. Si a eso se suma el cuestionamiento social de ese filtro, la víctima no volverá a confiar en él y se sentirá responsable de tener un filtro dañado o que dejó pasar una experiencia que solo ella ve como amenazante o la cual la responsabiliza de lo ocurrido. De esta manera, parte de la reparación consiste en calibrar nuevamente el filtro personal y volver a confiar en él, de modo que vuelva a ser protector y permita discriminar entre aquello que nos puede hacer daño, por lo que hay

---

[3] Cf. R. Perrone, «Violencia, abuso y hechizo en la familia. Terapia y prevención», en O. Vilches (ed.), *Violencia en la cultura. Riesgos y estrategias de intervención.* Providencia, Sociedad Chilena de Psicología Clínica, 2000, pp. 41-57.

que estar alerta, y aquello que puede enriquecer la vida personal, de modo que se vuelva a confiar. Esto implica hacer conscientes los mecanismos que utilizó el abusador para cometer el abuso y aceptar que se puede reparar nuestro sensor, ya que no significa un daño permanente. Es decir, no es algo que ha quedado dañado indefinidamente, sino que se puede reparar y mejorar con la experiencia vivida. Sin embargo, eso implica revisarlo y ajustarlo para volver a confiar de manera adecuada.

Hay que considerar también que muchas veces los filtros descalibrados se traspasan de generación en generación cuando no existen experiencias de reparación. Así, una persona que ha experimentado abuso sexual y no ha contado con un adecuado proceso de reparación puede traspasar su manera de establecer confianza de una generación a otra, lo que hace que se perpetúe. Por ejemplo, no es raro que se termine sobreprotegiendo a los hijos o que no se cuestionen riesgos innecesarios a los que se podrían exponer. Y que luego estos hijos se lo traspasen a sus propios hijos y así sucesivamente. Y esto porque la confianza también se transmite desde los procesos de socialización.

En este contexto, Perrone señala que muchas veces los menores que han vivido situaciones de abuso sexual no reparadas son adultos que tienen dificultades ante las situaciones de agresión y hostilidad, y lo experimentan como un estrés acentuado. Esta situación hace que eviten toda situación de violencia, pero esto mismo no les permite desarrollar habilidades necesarias para defenderse o poner límites, lo que perpetúa la posición baja en la que se han puesto en el pasado. Hay que señalar que una confianza adecuada permite que las personas no estén permanentemente en situación de alerta, situación que genera cambios en nuestro organismo y que, si son de forma permanente, pueden provocar alteraciones importantes.

Ahora bien, es muy importante comprender cómo la sociedad entiende la experiencia abusiva desde su propia cultura. Muchas veces se deberá trabajar en prevención y psicoeducación para reforzar una adecuada confianza, ya que no siempre existe claridad social respecto a qué puede ser entendido como abuso sexual y cuáles son sus consecuencias en las víctimas. De este modo, una excesiva confianza o desconfianza también puede provenir de las raíces culturales de la sociedad particular según cómo defina el abuso sexual y aquello que es o no legítimo realizar.

Y con esto quisiera entrar en el próximo tema, que es la justicia. La justicia cumple funciones centrales en el proceso de reparación de las víctimas, ya que, en primer lugar, permite reconocer la experiencia de abuso dentro de la legislación presente, estableciendo claramente lo que es legítimo hacer o no hacer a una persona. Esto lanza una señal importante a nivel social y clarifica la connotación de las conductas de convivencia social, aportando también un elemento significativo en la construcción del filtro de cada uno.

Por otra parte, sitúa la responsabilidad de lo ocurrido en el victimario, externalizando la culpa y responsabilidad de la víctima. Es decir, pone nombre a la experiencia y permite diferenciar claramente quién es la persona responsable de ella, lo cual, en muchos casos, va acompañado de la sanción correspondiente y una indemnización compensatoria para la víctima.

Otro punto que es muy importante considerar es que no es raro que frente a un primer relato aparezcan nuevas víctimas que no se atrevían a hablar por miedo o vergüenza. Esto permite, por una parte, ayudar en la reparación de otras personas que también habían vivido experiencias similares con el victimario y, por otro lado, evitar que el victimario siga cometiendo nuevos abusos.

De esta manera, la justicia es un método de reconocimiento social de la víctima, que permite poner la responsabilidad de lo ocurrido en quien corresponde, y de esta manera externalizar la culpa. Asimismo, permite adoptar sanciones reforzando la ilegitimidad legal y social de la conducta de abuso y, en muchos casos, compensar a las víctimas por la experiencia sufrida. Finalmente, ayuda a que otras víctimas puedan dar su testimonio y evitar así que sigan ocurriendo estas situaciones por parte del victimario.

Ahora bien, continuando con los otros ámbitos ya mencionados y enunciados al principio, me gustaría referirme a los límites.

Un aspecto que hay que considerar es que la experiencia de abuso sexual altera la capacidad de poner límites por parte de la víctima, lo cual se puede perpetuar en la vida adulta. Tal como señala Perrone, el abuso sexual es una situación en la que existe una relación de desigualdad en que una de las partes se toma el derecho de utilizar al otro para su propio beneficio, obligándole a aceptar esta situación, como ocurre en casi todos los casos. Lograr esta dominación física y psicológica sobre la víctima se consigue rompiendo los registros comunicacionales, como se ha explicado antes, pero además el victimario utiliza un lenguaje de autoridad y represalia. El autor define el lenguaje de autoridad como la acción del victimario, que busca obtener lo que desea por medio de la autoridad, es decir, que no permite la posibilidad de duda o cuestionamiento por parte de la víctima. Asimismo, utiliza la represalia como una amenaza velada en que hace creer a la víctima que todo lo que haga para sustraerse de la situación es lo que va a provocar el propio dolor (destruir una familia o comunidad, que nadie le crea, etc.), obligándola a un pacto de secreto. De esta manera, la víctima no tiene ninguna posibilidad de poner límite y defenderse. Este tipo de mecanismos son utilizados, sobre todo en aquellos abusadores primarios, que son cercanos a la víctima y su entorno.

También es importante reconocer que la experiencia de abuso es un traspaso de límites físicos, pero también psicológicos, de la víctima, ya que irrumpe con violencia en ambos ámbitos. Luego, en la vida adulta, como hemos mencionado ya, muchas veces se evitan las situaciones de hostilidad sin lograr adquirir destrezas para poner límites. Así, la víctima aprendió en el pasado que no podía ponerlos, ya que no podía hacer nada frente a la situación de abuso.

Por ello es posible que, frente a situaciones amenazantes, la víctima actúe de forma pasiva o bien sobrerreaccione de forma agresiva, por lo cual es muy importante trabajar, por un lado, la asertividad para no caer en ninguno de los dos extremos y, por otro, el autocuidado.

Para eso es necesario que la víctima pueda reconocer en el contexto terapéutico cuáles son sus límites y que pueda expresarlos. Asimismo, que expresarlos no significa que esté poniendo en riesgo la relación terapéutica, de manera que esa experiencia pueda replicarla posteriormente fuera de sesión con otras personas de su mundo circundante. Para eso se debe trabajar la forma de expresar asertivamente los límites, de manera que tengan una buena acogida en otros; o bien, si no tienen esa buena acogida, buscar formas de autocuidado, aprendiendo a validar también sus propios pensamientos y sentimientos.

Ahora bien, los límites son fundamentales para desarrollar un buen autocuidado, en el amplio sentido de la palabra. Por ejemplo, los límites juegan un papel fundamental en la capacidad de decir que no, si alguna situación no puede ser asumida, para señalar si algo parece incorrecto o injusto, para permitir o no hasta dónde se puede involucrar alguien en el espacio psicológico o físico personal, para priorizar experiencias de gratificación personal, etc. Por ello, también con los límites se va validando la propia subjetividad y experiencia, lo cual resulta ser muy relevante para la autoestima.

De este modo, en la medida en que la víctima va externalizando la culpa y la responsabilidad de lo ocurrido, va reconstruyendo su propia historia, incorporando áreas libres de abuso y fortalezas de supervivencia; se va reconciliando consigo misma y con su cuerpo; va autoconociéndose y desarrollando capacidades de poner límites y autocuidado, y va aprendiendo a confiar de manera adecuada en otros; también va mejorando su propia autoestima como sujeto único, digno y en igualdad de derechos como cualquier persona. De este modo, también puede liberar la energía personal que utilizó para mantener la experiencia de abuso en el inconsciente o para estar alerta ante cualquier eventualidad que le pudiese causar daño. Así, puede reutilizar la energía en cosas que le gustan y le generan sentido o para poder reflexionar cómo le gustaría continuar su proyecto de vida, abriéndose a nuevas posibilidades.

Para terminar este capítulo, y por razón de los temas mencionados anteriormente, me gustaría hablar acerca de la develación del abuso. Para ello ha sido necesario abordar primero la capacidad de autocuidado, lo cual se explicará más adelante.

No es raro que ocurra que, avanzado el proceso en que la víctima ya ha incorporado lo ocurrido y ha trabajado distintos aspectos de sus consecuencias, ha fortalecido su autoconcepto y autoimagen y ha reconocido el sentido de justicia y sus propios límites, desee comunicar a otros lo que ha vivido. Este deseo puede surgir por motivaciones distintas. Algunas de estas motivaciones son, por ejemplo, hacer justicia y evitar que el abusador siga impune frente a su conducta. Otras tienen que ver con que sus seres cercanos puedan conocer lo ocurrido, ya sea para buscar apoyo, explicar su aislamiento o dolor en el último tiempo o que conozcan sus razones para actuar y la nueva manifestación que su persona comienza a desplegar. También puede ocurrir como una forma de poder ayudar a otras víctimas a vivir un proceso de sanación y evitar que otras personas más puedan verse expuestas a la experiencia de abuso. Sin duda, todas aquellas formas de deseo y otras más son muy válidas y pueden constituirse en nuevas instancias de reparación.

Sin embargo, y lamentablemente, no todas las personas son capaces de acoger esta información y la experiencia de las víctimas. De este modo, no es raro que algunos deseen no escuchar, porque no saben qué hacer y se sienten impotentes frente al dolor. Otros no creerán los hechos, ya que conocen al victimario y no pueden creer que esa persona sea capaz de cometer abuso, por lo que aparece la negación e incredulidad ante la víctima. Otros pueden incluso acusar a la víctima de ser responsable de lo ocurrido, acusándola de difamación y de romper el equilibrio ya establecido. También están quienes, por culpa, prefieren no entrar en detalles de lo ocurrido para no sentirse aún más responsables o porque no pueden controlar y canalizar sus propias emociones frente al victimario. Otros preferirán no tocar el tema para no causar más dolor en la víctima, desconociendo que con eso se mantiene la dinámica del pacto de secreto. Y tampoco hay que desconocer que, en muchos casos, abrir el tema implica romper dinámicas de abuso a nivel intergeneracional, lo cual también tiene sus propias consecuencias, considerando que, en muchos casos, es la primera vez que se hace. En fin, son varias las razones y motivaciones que hay detrás de este tipo de respuestas, por lo que también hay que preparar a la víctima antes de su develación con el objeto de que no experimente una revictimización.

Desde mi experiencia terapéutica, me parece que lo más importante es respetar la decisión de la víctima y trabajar en sesión la posibilidad de que quizá su testimonio no sea bien recibido por todos. Para eso, es importante establecer a quién contarle y a quién no, de acuerdo con las motivaciones que tenga para hacerlo. Pero, sobre todo, no empujarla hacia a un pacto de secreto del cual ya fue víctima. En otras palabras, es preparar el camino y estar disponible para ir procesando lo que ocurre, reconociendo que hacerlo también es un gran paso. Por eso es muy importante hacerlo desde un espacio de autocuidado y protección.

En estos casos, también ayuda mucho cuando las víctimas encuentran apoyo en otras redes de la comunidad, como son organizaciones de supervivientes de abuso sexual o instituciones que pueden ayudar en la asesoría legal. Estas instancias resultan de gran ayuda, ya que no solamente entregan orientación, conocimiento y validez a la víctima, sino que, además, permiten activar redes sociales más allá de la consulta terapéutica. Estas redes ayudan a romper con el aislamiento social, así como a acceder a apoyo legal y no volver a pasar por la experiencia de incomprensión en el mundo social. Y esto último es muy relevante, ya que es difícil expresar con palabras toda la experiencia vivida. Por eso conviene conocer cuáles son estas organizaciones o instituciones para poder incorporarlas como redes de apoyo dentro del proceso terapéutico. No hay que olvidar que esas instancias ayudan a devolver poder a la víctima y a validar su experiencia.

De este modo, y con todo lo aquí revisado, me gustaría invitar a profundizar en el próximo capítulo algunas estrategias que refuerzan aquellos aspectos que no se deberían realizar en el proceso y algunas sugerencias de abordaje frente la victimización secundaria.

2. Desde la víctima

Invito a seguir escuchando el relato de la mujer a través de la lectura de algunos fragmentos de su diario de reparación que hacen referencia, especialmente, a su experiencia de aceptación e integración de lo vivido.

En esta segunda parte del proceso, la mujer del relato centró sus energías especialmente en su autocuidado corporal, así como en reconstruir su proyecto de vida. También fue muy importante el apoyo de organizaciones de supervivientes de abuso sexual, con quienes fue compartiendo este proceso, y recibió el apoyo jurídico necesario para reconstruir su proyecto de vida con mayor justicia.

Querido diario, han pasado muchos meses desde la última vez que te escribí. Ha sido necesario este tiempo de silencio para ver que la vida siempre se abre paso y que Dios nunca abandona. Ha sido importante también alejarme de personas y lugares que me conectan con la inseguridad y el miedo, y poco a poco ir fortaleciéndome y recuperando el control de mi vida. Ha sido liberador sentir que he recuperado el control de mi vida y que son pasos que me ayudan a seguir cerrando esa etapa de mi vida sin negarla, pero pudiendo integrarla.

Hoy por la mañana tengo la última sesión de cierre con mi psicóloga, y la verdad es que me siento muy bien y liberada. Así como los primeros años que estuve en terapia se podrían definir con las palabras «crisis», «protección» y «develación», las palabras de estos años de terapia serían «sanación-cuidados», «emancipación» y «recobrar lo robado»:

- Cuidados-sanación: cuidado personal, físico, psicológico y espiritual, jurídico, alimentación, vestuario y muebles.
- Emancipación: romper con relaciones afectivas, librarme del poder del abusador y del abuso sobre mí. Incluso la emancipación de la propia terapia y acompañamientos espirituales.
- Recobrar lo robado: esencia, conciencia, sexualidad, afectividad, intimidad, ingenuidad. Descubrir que durante mucho tiempo pensé que me lo habían robado y descubrir que siempre estuvo en mi interior. Hoy estoy disfrutándome en plenitud con todo lo que soy.

El abuso no destruyó lo que soy. Sí, es recuperable con un proceso de sanación. Valentía, proceso de involucrarte. Constancia y confianza. La vocación cristiana no se ha perdido. Ya no estoy dispuesta a más espacios insanos y abusivos. Merezco lo mejor y quiero cuidar lo que se me está regalando.

En este tiempo se van materializando los deseos profundos y peticiones que me hacía hace un año. Así poco a poco se van cerrando procesos y se van abriendo caminos de mayor paz, plenitud, confianza y felicidad para mi vida.

Ya no te llamarán abandonada ni tu tierra será desposada... Dios nunca abandona y entrega lo que merecemos. Gracias por esta nueva vida que me regalas, por las etapas que se van cerrando y los caminos que ya voy transitando. Me siento emocionada y profundamente regalada.

Hoy he recordado a una mujer sencilla con la que hace unos años tuve varias sesiones de biomagnetismo. Ella me decía nada más empezar que volviera a casa, que este era un camino de vuelta a casa, de vuelta a mi cuerpo.

Así es mi proceso de reparación interno que se refleja en lo exterior. Poco a poco, el cuerpo se va relajando y va dejando de estar en alerta, se va sintiendo a salvo, protegida y sostenida. Aún queda proceso que seguir haciendo, proceso de paciencia para ir cerrando los matices, las sutilezas, y en eso estoy, intentando no acelerar los procesos y queriéndome llevar por el ritmo de mi propia naturaleza y organismo. Necesito darme el tiempo, dar el tiempo a mi cuerpo, a mi alma y espíritu para que se recupere de tanto maltrato y abuso.

Llevo todo esto con las meditaciones, en esa necesidad que tengo de silenciar e ir integrando tantas vivencias y emociones. Casi todas las tardes estoy haciendo la meditación guiada de dejar ir, y así está siendo la experiencia de este mes: dejar ir, desprenderme de muchas cosas que tenía. Algunas de esas cosas las he regalado, otras las he vendido y quiero vender y, con el dinero que obtenga, renovarme con cosas nuevas para una etapa nueva. Siento que ya ha llegado la hora de decir adiós y, aunque pensaba que ya lo había hecho, quedaban muchas pequeñas o grandes cosas que formaban ya parte de mí, y ha sido costoso ir identificándolas. Es un proceso lento, pero cargado de sentido y significado, está siendo todo un rito de paso. Ir discerniendo: ¿con qué me quiero quedar?, ¿con quién me quiero quedar?

Es muy curioso cómo este proceso externo está conectado con el interno, y voy descubriendo matices de mi proceso, se van produciendo las conexiones y las integraciones. Cómo el sistema nervioso está relacionado con nuestras conexiones y nuestras relaciones, que constituyen nuestro nicho ecológico. El sistema inmunitario y el sistema endocrino tienen que ver con la armonía o disarmonía de esa red de relaciones en nuestro nicho ecológico. Y es curioso que, en este tiempo de mayor cuidado personal, el sistema nervioso, inmunitario y endocrino se han ido estabilizando y encontrando la armonía interna. En estos meses he cambiado mi nicho ecológico, alejándome de relaciones que me hacían mal, manteniendo aquellas que son nutricias y ampliando a nuevas relaciones sanas.

Hoy puedo decir que me siento más estable y tranquila. Mi sistema inmunitario está mejor que nunca. Hoy me siento cada vez más segura conmigo misma y con mi entorno, vivo más relajada y sin estar a la defensiva. Mi sistema endocrino también está funcionando muy bien, eliminando correctamente las toxinas; a modo de metáfora, así lo estoy haciendo con pensamientos, emociones, cosas, personas que me conectan al dolor.

Esta semana me he conectado con el nudo del estómago que no pude soltar, no tuve el espacio sano y seguro para soltar mi pena, rabia y cansancio. Y entonces, como siempre lo había hecho, reprimí mis emociones y seguí adelante como si no hubiera pasado nada. Hoy no quiero seguir adelante como si nada me hubiera pasado, me estoy conectando con mis emociones y sentimientos... me estoy permitiendo sentir sin culpa... y estoy aprendiendo a gestionar esas emociones, buscando el equilibrio, porque es fácil pasar de la represión a volcar los sentimientos y emociones sin filtro. Voy aprendiendo a escucharme, a acogerme con cariño, a parar cuando me encuentro más cansada y acelerada, para acogerme así, y voy discerniendo los momentos y personas con las que puedo sentirme protegida. Soy una mujer fuerte y valiente, me siento orgullosa de la mujer que soy. Soy merecedora de amor, justicia, bondad, bienestar, felicidad, plenitud, fecundidad y prosperidad para mi vida. Poco a poco voy soltando «el cuerpo del dolor» que me ha ido identificando en el pasado y en el hoy de mi vida, voy soltando todo aquello que me aleja de mi ser interior. Soltar, no sé si perdonar, tal vez no haya de saberlo, fluir, centrarme en el hoy me ayuda a ser más feliz.

Cada día me siento más a gusto conmigo misma, me miro y me gusto, me encuentro una mujer muy bella exterior e interiormente. Me miro a mí misma y me encanto, me gusta mi cuerpo y mi figura, mi rostro y mis facciones, me gusta mi manera de moverme, de expresarme. Voy mostrándome poco a poco y voy dando a mi cuerpo y mi mente lo que va necesitando y me va pidiendo, voy suprimiendo y alejándome de lo que no me hace bien.

Y soy más que mi cuerpo y mi mente, soy un ser espiritual. Soy espíritu viviendo una experiencia humana aquí y ahora. Ese espíritu que soy es la gracia que estoy viviendo en este tiempo de conectarme con la compasión, la bondad y la ternura. Darme cuenta de que mi ser espiritual no ha enfermado y tampoco ha conseguido destruirlo, está puro y en esencia. Tengo la certeza de que nada ni nadie podrá violar ese espacio sagrado que habita en mi interior y que es Dios mismo.

En este tiempo estoy renovando mi imagen y vestuario. Siento la necesidad de verme como mujer guapa, atractiva, elegante y empoderada, y cada vez me gusto más.

Hoy sabía interiormente que se cerraba el proceso de mediación. Cuando me han llamado las abogadas por vídeo-llamada, lo primero que les he dicho es que sabía que habían llegado a un acuerdo. Me he emocionado y he llorado diciendo una y otra vez «se ha terminado», «se ha terminado». Me he dado un baño y he escrito a personas que en este tiempo me han acompañado en este proceso.

Me encuentro cansada y necesito descansar para reponer fuerzas para mi nueva vida. Necesito hacer mi rito de cierre de todo este tiempo de sacar a la luz el abuso, cerrar para abrirme a una nueva vida y seguir recuperando fuerzas de todo este proceso tan desgastante.

Doy gracias a Dios por haberme dado la sabiduría y la lucidez en cada paso, por la fortaleza para permanecer, para perseverar en cada paso... y ahora se viene un tiempo nuevo en el que relacionarme conmigo misma, con el dinero y con los demás disfrutando de la vida. ¡Ya es tiempo!

3

ALGUNAS CONSIDERACIONES DEL PROCESO

1. Desde el terapeuta

En este tercer capítulo del libro me gustaría hablar de algunas consideraciones de lo que se debe evitar en el proceso terapéutico y el abordaje de la victimización secundaria. Si bien algunas de estas consideraciones ya se han ido mencionando en los capítulos precedentes, es bueno reforzarlas y profundizarlas para comprender bien qué es lo que hay detrás de ellas.

Como se ha ido mostrando a través de los capítulos anteriores, el proceso de reparación es un proceso que incluye varias etapas. Transitar estas etapas, respetando el ritmo y tiempos de la víctima, es fundamental y muy necesario. En otras palabras, el terapeuta no debe apresurar el proceso. Antes bien, debe estar disponible para acompañar a la víctima en cada paso que va dando, ya sea sosteniéndola, protegiéndola, ayudándola a buscar claridad, a integrar, a rescatar también las áreas libres de abuso y preparándola en caso de que lo quiera hacer público o denunciar, entre otras tantas.

En relación con esto último me gustaría aclarar que la decisión de hacer público lo ocurrido o denunciar es de la víctima, entendiendo que no estamos hablando de menores de edad, sino de personas que se están abriendo a la situación de abuso en la vida adulta. Si bien, como se ha explicado anteriormente, el hecho de que la víctima decida hacerlo puede tener consecuencias muy beneficiosas en su proceso de reparación, no se debe empujar a que lo haga. Es una decisión muy personal que implica invertir mucha energía. De este modo, nuestro rol como terapeutas es que este tema pueda emerger en sesión, de manera que la víctima pueda tomar una decisión. Asimismo, es fundamental prepararla y apoyarla en el proceso, otorgando un espacio de protección. En algunos casos, también implicará hacer informes o testificar y, como se ha señalado anteriormente, activar las redes necesarias que permitan a la víctima llevarlo a cabo. De esta manera, respetar los tiempos y decisiones de la víctima durante la terapia de reparación es un pilar fundamental dentro del proceso.

Ahora bien, hay otro aspecto muy importante que hay que considerar, sobre todo en la primera fase o etapa. Y para eso se debe entender lo que es una experiencia traumática.

Tal como se explicó en el primer capítulo, las experiencias traumáticas no solo tienen un impacto a nivel psicológico, sino también fisiológico. Por eso hay que ser muy cuidadoso en cómo se aborda el relato de lo ocurrido con la víctima. Cuando las víctimas comienzan a recordar cada vez más lo que pasó con el victimario, se activa la experiencia traumática con la misma intensidad emocional de ese momento. Es como si, al transitar por las huellas del trauma, se volvieran a activar la misma angustia y dolor, al igual que si estuviese ocurriendo esa situación en la actualidad. Y esto resulta muy delicado, ya que según cómo se aborde el relato en terapia se puede caer o no en una revictimización.

Por todo lo anterior, una de las cosas que debe evitarse en sesión es interrogar a la víctima para que se acuerde lo más posible de lo ocurrido. Muy por el contrario, hay que dejar que el material psicológico disociado o reprimido vaya emergiendo de forma espontánea, ayudando a la víctima a hacer el rompecabezas con las piezas que van apareciendo. Por otro lado, es muy importante recordarle que el contexto en que esto está ocurriendo es muy distinto al pasado, ya que ahora sí hay alguien dispuesto a escucharla, a protegerla, lo que no ocurrió en su momento. Y esto porque la relación con el terapeuta puede ser sanadora en sí misma al experimentar de una forma distinta la apertura del tema. Así, el espacio terapéutico se convierte en un espacio en el cual la víctima puede vivir y expresar sus emociones sin sentirse juzgada, cuestionada o amenazada, sino que, por el contrario, donde puede sentirse validada, valorada y protegida.

Por otra parte, algo importante es no minimizar lo ocurrido, tanto en sesión como si se abre el tema con otros. Y esto porque es frecuente que las personas no entiendan cómo se puede vivir la experiencia de abrir un abuso con tanta intensidad si ya han pasado muchos años desde lo ocurrido. Sin embargo, la mayoría de ellas no conocen cómo operan las situaciones traumáticas a nivel psicológico y biológico. Por eso es importante «psicoeducar» y no minimizar, y de este modo trabajar en reparar.

Me gustaría ahora abordar algunas consideraciones respecto a las víctimas secundarias, ya que, como se ha indicado en el primer capítulo, también han sido víctimas de lo ocurrido cuando tenían una cercanía significativa con el abusador, lo que ocurre siempre cuando existe un abusador primario.

Dependiendo de la cercanía que estas personas tienen con la víctima y el victimario, convendría que ellas también iniciaran su propia terapia de reparación. En otros casos, se podrán hacer intervenciones más breves.

Al igual que con la víctima, lo primero es que ellos se reconozcan víctimas de lo ocurrido y que puedan integrar esa experiencia. Para eso es importante abrir el tema para ver qué les pasa con la información, además de abordar las contradicciones y emociones que pudiesen estar presentes y, sobre todo, mostrar las estrategias que utilizan los abusadores para que eso haya sucedido.

Otro aspecto importante de trabajar es que su proceso es distinto del que debe llevar la víctima, pero que, sin embargo, ellos pueden apoyarla de forma importante, respetando también sus tiempos y decisiones. En este sentido, es necesario que las víctimas secundarias puedan respetar las emociones de la víctima, como son el miedo, la tristeza, la angustia y la rabia. Y para eso hay que prepararlos ante situaciones que pueden emerger, como es, por ejemplo, la rabia que puede sentir la víctima por no sentirse cuidados por ellos. Todo lo cual debe ser resignificado en el marco de las estrategias utilizadas por el victimario.

En el caso de las emociones que pueden aparecer en estas víctimas, como es, por ejemplo, la rabia contra el abusador, es importante que las puedan canalizar para validar a la víctima, reconociendo que lo ocurrido fue un acto de extrema injusticia. Nadie tiene derecho a hacer pasar a otro por una experiencia así. De este modo, es conveniente que se lo puedan expresar directamente a la víctima y la apoyen en los procesos que desee iniciar, como puede ser, por ejemplo, una denuncia.

Ahora bien, en la reparación de las víctimas secundarias, un tema fundamental que hay que abordar es la confianza. No hay que desconocer que el abusador se aprovechó de la confianza que se le tenía para cometer el abuso y, por tanto, traicionó esa confianza. De esta manera, un tema importante que hay que tratar es cómo volver a confiar. Y para eso es importante revisar ciertos indicios de lo ocurrido y así activar señales de autoprotección. También es necesario, si no existe, y las víctimas secundarias son parte de una comunidad o institución, establecer protocolos claros sobre lo que se debe hacer en caso de que ocurra un abuso sexual. Estos protocolos ofrecen un marco regulatorio importante para mantener una sana convivencia, ya que establecen claramente lo que está permitido y lo que no, proporcionando herramientas de acción y protección en caso de que ocurra un hecho. Esto, obviamente, sin desconocer que los protocolos no reemplazan los mecanismos judiciales que se puedan llevar a cabo.

Otro aspecto relevante que conviene considerar en el caso de que el abuso sexual se haya cometido dentro de una institución o comunidad es que debe existir un organismo independiente donde las víctimas puedan ir a denunciar y así investigar los hechos. La razón de esto es que existiría una mayor neutralidad para desarrollar este proceso y se evitaría que algunas de las autoridades de la institución utilicen su poder para minimizar los hechos o entorpecer el proceso. No hay que desconocer que el abusador también engañó a los miembros de la comunidad o institución, y que es muy difícil hacer una denuncia si este es alguien con poder o autoridad en ella. Incluso si esa persona permanece en la comunidad o institución, lo primero es separar a la víctima del victimario, para que la víctima pueda hacer su proceso de reparación con libertad y tranquilidad.

No hay que olvidar que, tal como señala Perrone, los abusadores utilizan un lenguaje de autoridad y represalia para establecer y mantener un pacto de secreto, y en el caso de que el abusador sea efectivamente una persona con autoridad real, que tiene a la vez la capacidad real de establecer represalias hacia la víctima, solo se logrará reforzar el pacto de secreto por miedo. Y esto también es importante mostrárselo y explicárselo a las víctimas secundarias.

Finalmente, un aspecto importante que hay que considerar con las víctimas secundarias y que muchas veces aparece, es el tema de la culpa. En este contexto, muchas de las preguntas que surgen están en relación con «¿cómo no me di cuenta?», «¿por qué no hice nada?», y otras tantas preguntas de ese tipo. En este contexto, y frente a esta clase de interrogantes, es importante reforzar, como ya se ha mencionado anteriormente, los mecanismos que utilizó el abusador para que eso ocurriera. Pero también reforzar que, si no se realizó nada en el pasado, ahora sí lo pueden hacer para ayudar en el proceso de reparación. Y esto porque la culpa se sana con reparación. Incluso se le puede consultar a la misma víctima cómo le gustaría que la ayudaran y apoyaran en estos momentos, lo que permite validarla y mostrarse disponibles a actuar en el presente, a diferencia de como fue en el pasado. Por último, en el caso de la culpa, es muy sanador pedir disculpas sinceras y aprender a perdonarse uno mismo.

Para finalizar este apartado quisiera reforzar que el abuso sexual no afecta solamente a una persona, sino a muchas más. Sin duda, la víctima es la persona más afectada y es a la primera que se debe ayudar y apoyar, pero también hay que considerar que existen muchas otras personas que, conociendo a la víctima y al abusador, requieren un espacio de escucha, protección y reparación.

2. Desde la víctima

En este apartado quisiera poner énfasis en algunos de los elementos más importantes del proceso de sanación de las personas que han sufrido abuso sexual y que han develado ese acontecimiento en la vida adulta. Las víctimas viven su proceso de forma progresiva, como un camino largo, profundo, lento y con momentos de mucha intensidad emocional. Es muy importante para ellas el acompañamiento psicológico permanente, que les va ayudando a ir incorporando en su vida el acontecimiento del abuso.

En una primera etapa es clave que se sientan protegidas y apoyadas emocionalmente, que sientan de verdad el «yo te creo». En etapas posteriores, y en algunas ocasiones con apoyo farmacológico, las víctimas van volviendo a mirar el acontecimiento del abuso sexual en el contexto familiar, religioso, institucional, cultural, en el que se produjo y van haciendo el proceso de ir desculpabilizando lo ocurrido. En ese sentido, las víctimas van recorriendo un camino interior profundo para reconstruir su relato, tomando conciencia progresiva de que se produjo en un contexto de abuso de poder que transgredió los límites físicos, sexuales y, sobre todo, de intimidad.

Ese camino interior de reconstrucción también va acompañado por una relectura de otras relaciones de confianza y situaciones de abuso en lo afectivo, familiar y laboral que les han ido acompañando. Esa relectura les va ayudando a hacer un proceso de psicoeducación en la puesta de límites, de crecimiento en confianza lúcida y también de ir incorporando en su proceso la dimensión del cuerpo y del autocuidado que durante parte de su vida ha sido transgredida y anulada. Todo ello les va ayudando a recuperar su poder en su propia imagen y confianza para poder ir alejando el fantasma del abuso. Incluso en algunas situaciones puede ayudar hacer gestos simbólicos de dejar de darle poder al abusador, incluso también acciones de denuncia y búsqueda de reparación.

Los momentos más difíciles que atraviesan las víctimas, son aquellos en que sienten con mucha fuerza la desesperación y la soledad. Estas emociones se intensifican con la culpa que viven las víctimas por no haber descubierto el abuso sexual antes, incluso por haberse equivocado en su vida. Cuando las víctimas sienten con fuerza en la vida adulta que fueron manipuladas, engañadas, abusadas, se conectan con un dolor insoportable. En expresiones de las propias víctimas, es «como si te rompieran el alma, y ese dolor te hace ver todo negro y sin salida». En las víctimas afloran interrogantes vitales sin respuesta que les provocan mucho dolor, ansiedad e incertidumbre, interrogantes que les conectan con la culpa y la vergüenza de lo ocurrido. En expresión de las propias víctimas: «¿Cómo voy a vivir con esto que me tocó vivir si me pesa demasiado?, ¿cómo volver a confiar?, ¿qué sentido tiene lo que me ocurrió?, ¿por qué a mí?, ¿cómo seguir creyendo en Dios si lo que me ocurrió fue en un contexto religioso?, ¿seré capaz de superar el trauma vivido?».

Otra de las situaciones más difíciles de afrontar para las víctimas son los momentos de revictimización, es decir, sentirse de nuevo víctimas por personas que se esperaría que les apoyaran, creyeran y acompañaran. En expresión de las propias víctimas: «Son golpes que una recibe cuando lo que necesita es ser apoyada, que se confíe en ella [...] Muy doloroso el proceso de denuncia, de resolución de denuncia, una carrera de fondo muy larga, con muchos obstáculos, yendo por delante, abriendo caminos desconocidos para mí y para otros, con mucha soledad, siendo mi propia abogada, mucho desgaste emocional, cognitivo, corporal [...] sacar fuerzas de donde no las hay, mucha soledad e incomprensión del proceso».

Otro de los momentos más difíciles para las víctimas es aquel en que se conectan con la ansiedad extrema; ellas sienten que su mente no para y no logran descansar. Esos momentos están conectados con la rabia por lo que les ha ocurrido, por los deseos de venganza en que se conectan con el odio y la injusticia.

En esas situaciones se hace fundamental el apoyo psicológico y también el tratamiento farmacológico para disminuir los niveles de ansiedad y depresión, así como diferentes tratamientos que ayuden a la conciencia corporal y el autocuidado. Junto a ello, el apoyo y la conexión con redes de otras víctimas e incluso con apoyo legal para los procesos de denuncia y de reparación moral y económica son fundamentales.

Es importante que los familiares y la red cercana de las personas que están realizando un proceso de reparación por abuso sexual tengan en cuenta que no son psicólogos, pero sí son la red que necesita la víctima para sentirse segura, acogida y protegida. Son, en definitiva, el espacio que ella necesita para poder transitar el proceso de reparación con seguridad y afecto, con espacio y tiempo, respetando sus tiempos y sus procesos sin alarmarse ni escandalizarse.

Siempre que la víctima lo apruebe, es bueno que la red más cercana esté acompañada por alguna persona experta, psicóloga –no tiene por qué ser la misma persona que acompaña psicológicamente a la víctima– que la ayude a comprender lo que supone acompañar a una persona que ha sufrido abuso sexual y que también la ayude a ir elaborando lo que a ella, como familiares, como red cercana, le está pasando con lo ocurrido. Y, por supuesto, es importante que mantenga la confidencialidad de todo lo que la víctima comparta.

Por el contrario, algunas de las prácticas que los familiares y la red de la víctima han de evitar para que se produzca una revictimización son no creer a la víctima, lo que se manifiesta en juicios, dudas y cuestionamientos, y defender a la persona abusadora. Asimismo, se ha de impedir influir en la víctima para que no denuncie y, por último, eludir los espacios conflictivos y agresivos que aumentan la vivencia de inseguridad y de conexión con el acontecimiento de abuso y desprotección.

Para finalizar este apartado, invito a seguir escuchando el relato de la mujer a través de la lectura de algunos fragmentos de su diario de reparación que hacen referencia especialmente a su experiencia de denuncia y proceso de reparación moral y económica.

Hoy me llegaba la carta de solicitud de reparación corregida por el abogado, ¿será real que se va acercando el final de este largo y tortuoso camino? Mi cuerpo y mi mente saben que se va acercando el final y sienten que ya están a salvo, ya pueden descansar en paz y dejarse abrazar y contener en el amor y la luz. Atravesé el túnel de la oscuridad, caminé sin ver, grité sin ser escuchada, me golpeé y me golpearon sin ser curada ni consolada... y conseguí salir de ese túnel en el que había otros ciegos que se creían guías y no me dejaban avanzar. Estoy en la luz, magullada y cansada.

Después de muchos borradores de la carta de solicitud de reparación moral y económica, hoy la envié para dar comienzo al proceso de mediación. Ya queda menos, pido a Dios que sea un proceso rápido y no doloroso, quiero cerrar con paz y con justicia.

Ayer, mientras caminaba, caía en la cuenta del momento en que se comunicaba a toda la institución religiosa que puse una denuncia por abuso sexual y que fallaba a mi favor. Pensaba cuántas cosas han pasado este año, cuántas decisiones he tomado que me hacen estar mejor conmigo misma e ir avanzando en mi proceso de reparación. Me encuentro mucho mejor y me ayuda mirar atrás para ver cuánto he avanzado, eso me ayuda a afirmarme en la confianza conmigo misma. He sido una mujer muy valiente, comenzar un proceso de terapia, afrontar la situación de abuso sexual, sacarla a la luz, pelear por el protocolo y denunciar.

Hoy, en el rato de relajación, me he conectado con el día en que fui a poner la denuncia por abuso sexual. Años de muchas peleas, de mucho esfuerzo por mi parte, de alzar la voz, de defender la justicia... acabé agotada.

El sábado me escribieron de la Asociación para comunicarme formalmente por escrito que aceptan ayudarme a intermediar y representarme ante la institución religiosa en esta etapa final de cierre y solicitud de reparación moral y económica. En unas semanas la institución religiosa a la que pertenecí y en la que sufrí el abuso sexual tendrá conocimiento de mi decisión de abandonar definitivamente, y de mi solicitud de reparación moral y económica. Solo sé de mi disposición a cerrar este proceso en buenos términos, enterrar el hacha de guerra y no seguir peleando.

Ayer escribí a una persona de la Red de supervivientes de abuso sexual eclesiástico; hacía meses que no lo hacía y le conté que en breve comenzará el proceso de mediación. En esta semana, ya a las puertas de dar inicio el proceso de cierre, me estoy conectando con el agradecimiento hacia muchas personas que han estado acompañándome en este tiempo.

El viernes fue muy importante reunirme con las abogadas de la Asociación que me van a representar. Me sentí muy reconfortada y aliviada, sentí que ellas se arrodillaban ante mí [...] «Eres una mujer valiente, vamos a aprender mucho contigo».

Soy consciente de que el proceso de mediación no será rápido y he de ser realista con lo que pueda conseguir. Para mí, lo más importante es hacer este paso de cierre acompañada, protegida, sin exposición, para no vivir una revictimización secundaria.

¡Cuánto me ha alegrado que una de las abogadas me dijera que hay que poner plazos en la mediación para evitar la revictimización de nuevo!

Ha llegado otro momento importante en mi proceso de reparación, y ese momento se llama responsable de la institución religiosa donde sufrí el abuso sexual, es el momento de escribirle una carta imaginaria y despedirme de esa persona:

«Hola, con estas palabras quiero expresarte mi adiós. Han sido años muy agotadores en la relación contigo, me he sentido más herida por ti incluso más que por la persona que abusó sexualmente de mí. Confié en ti para que actuaras con justicia, y lo que he vivido es un proceso tremendamente doloroso de abandono, encubrimiento y revictimización. Si te soy sincera, contemplo una persona tremendamente frágil e insegura que permanentemente busca justificarse y defenderse, sin asumir tu responsabilidad. Contemplo una persona que se victimiza y que solo está preocupada por su ego y su imagen. Me da mucha lástima contemplar a una persona tan fracturada interiormente y que vive desde el personaje de persona buena y pacificadora.

Quiero expresarte que ya no me afectan tus palabras y tu interpretación de lo ocurrido en estos años. No necesito que cambies, que te des cuenta, que veas con claridad... Ya no me afecta tu postura y tu posicionamiento. Ya no espero que me protejas y defiendas, ya hay otras personas que lo están haciendo sin apenas conocerme y desinteresadamente.

Adiós, no voy a permitir que en este proceso de mediación tus reacciones, palabras y respuestas me vuelvan a quebrar y a inestabilizar. No vas a conseguir que me fragilice, soy una mujer fuerte que tiene claro lo que quiere y se siente orgullosa del proceso hecho hasta ahora.

Apuesto por mirarte con compasión y no desde el rencor; lo hago por mí, quiero desapegarme de todos los sentimientos que tu persona y actuaciones han provocado en mí. Me desprendo del rencor hacia ti, de la rabia, la ira, la tristeza, el abandono y la manipulación. Me desprendo de la tristeza, la depresión, la ansiedad, la rabia... de las actuaciones de revictimización que tú has provocado en mí. Ya ha sido suficiente el daño que me has hecho, no merezco que sigas haciéndome daño, ya no te doy el poder, ya no tienes espacio en mi interior para desestabilizarme. Ya no más, ya no pretendo cambiarte, ni que abras los ojos, ni que me defiendas, ni que me protejas.

Lo único que quiero es cerrar este proceso externamente, porque eso me ayudará a seguir cerrando y sanando los matices que quedan por limpiar y sanar. No te voy a dejar que me vuelvas a desestabilizar, no voy a entrar en tu juego de acción-reacción. Ya no más, ya no gobiernas en mi vida».

Antes de la reunión que mantenían las abogadas con la institución religiosa donde sufrí el abuso sexual rezaba un Padrenuestro y sabía interiormente que hoy se cerraba el proceso de mediación.

Soy consciente de que sigo necesitando este tiempo para que se concrete el cierre, la carta de despedida, que firmemos el acuerdo, que llegue la reparación económica, que se comunique en la institución religiosa mi partida y, mientras, hacer mi rito de cierre de todo este tiempo de sacar a la luz el abuso sexual, cerrar para abrirme a una nueva vida y seguir recuperando fuerzas de todo este proceso tan desgastante.

Esta mañana he recibido la noticia de que la persona que fue responsable de la institución religiosa ha dimitido, y que el motivo de su denuncia ha sido por la victimización secundaria que generó y por su mala gestión en las situaciones de abusos sexuales. Después de tantos años llega lo que pedí y grité.

4

REFLEXIONES FINALES

1. Desde el terapeuta

Antes de finalizar, me gustaría escribir algunas reflexiones finales sobre lo que significa el proceso de reparación de abuso sexual en personas que abren esta experiencia en la vida adulta y que, debido a la experiencia traumática, logran tomar conciencia de estos hechos con mucha posterioridad a lo ocurrido.

Desde mi rol como terapeuta me ha tocado ver en los consultantes que han tenido esta experiencia cómo distintas capas del *self* se encuentran coexistiendo en el presente, pero sin tener contacto entre ellas. Para describirlo de mejor manera, me gustaría volver a tomar el ejemplo expuesto en la introducción. Si se recuerda, en la introducción he hablado del descubrimiento de una ciudadela inca bajo la capital de mi país, Santiago. Este descubrimiento se inició con el hallazgo de algunas piezas arqueológicas y que después de mucho tiempo e investigación se ha logrado confirmar con certeza que esa ciudadela había existido.

Si lo llevamos al plano del *self,* tanto la ciudadela inca como Santiago, la capital de Chile, siempre coexistieron en un mismo espacio y tiempo, al menos en gran parte de la historia del país. Ninguna de las dos era ficticia. Sin embargo, pareciera que no había contacto entre ellas. No estaban integradas la una en la otra, lo que solo ocurrió una vez que se develaron las piezas que iniciaron el largo proceso de investigación. Este proceso implicó excavar en muchas partes de la capital para llegar al hallazgo final y, de este modo, darle un espacio en nuestra historia y nuestro presente. Es decir, tener una ciudad integrada con su historia.

De igual modo, el trabajo de reparación implica iniciar un largo proceso de exploración y excavación para dejar que se develen las capas del *self* que estaban sin establecer contacto. Esto, con el fin de darle un espacio en la historia y el presente del consultante, y así darle sentido a su vida y comprensión de quién es de forma integrada. Al igual que en el ejemplo anterior, ninguna de estas capas es ficticia. Ambas reclaman un espacio en lo que se es; sin embargo, ese espacio debe ser integrado, reconciliado. Y tal como se señaló en la introducción, ese proceso también implica una deconstrucción.

En el caso de Santiago, esa deconstrucción implicó no solo abrir un espacio físico para que esas ruinas arqueológicas pudiesen tener un lugar visible e integrado en la ciudad, sino que también había que dar un espacio real en nuestro relato e imaginario colectivo a una deconstrucción de lo que durante tantos años contamos como historia de Chile. De este modo surgía una nueva historia y presente del país, tal como ocurre con las víctimas que transitan este proceso.

Para complementar y reforzar este punto, me gustaría exponer brevemente lo que señala la terapia narrativa. Si bien la terapia narrativa no es el único enfoque teórico-metodológico con el cual se puede llevar a cabo un proceso de reparación psicológica, me parece que permite ejemplificar de mejor manera los planteamientos aquí señalados.

La terapia narrativa fue creada por White y Epson entre los años setenta y ochenta, y su foco reside, como dice su nombre, en la narrativa de los consultantes. La narrativa puede ser entendida como la representación de una secuencia de acontecimientos que se encuentran entrelazados a través de una trama. Consiste en contar relatos, historias. Incluye acontecimientos de un relato continuo que considera pasado y presente, y que son vinculados significativamente por el narrador. De este modo, los sentidos y significados que da el narrador a esos acontecimientos cobran un rol protagónico. Así, se podría señalar que la forma en que nos contamos esta historia o relato está determinada por la manera en que se han ligado los eventos, otorgándoles una secuencia y significado particular.

Cabe añadir que todos los seres humanos hemos desarrollado una historia de nuestras vidas y vivencias, ya que los seres humanos buscamos interpretar y dar sentido a nuestras experiencias. Buscamos una manera de explicar los sucesos y darles un significado. Ahora bien, para explicarnos cuál es «mi historia» y «quién soy» establecemos distinciones. Es decir, seleccionamos ciertos eventos que han sido significativos para nosotros y desde los cuales vamos construyendo una trama, lo que ocurre también, por ejemplo, en el relato de la historia de un país y en lo que caracteriza su identidad.

Sin embargo, al hacer estas distinciones y seleccionar los eventos significativos dejamos otros ocultos, otros que dejan de ser parte de nuestro relato oficial o, como señala la terapia narrativa, de nuestra «historia dominante». Y esta historia dominante no solo afecta a mi presente, sino que también afectará a mis acciones futuras.

Ahora bien, nuestra historia dominante y la forma en que hemos interpretado nuestras vidas también están influidas por los contextos y cultura en los que vivimos. Y por ello, en el caso del abuso sexual, cobra una real importancia en cómo nuestra cultura lo significa y el contexto en que ello ocurrió. Esto pudo haber tenido una gran influencia en el significado que las víctimas le otorgaron cuando sucedió y en la posibilidad de abrir o no el hecho a otros.

Pero, sin entrar en todo lo que implica una terapia narrativa, me gustaría mencionar alguno de sus elementos que son importantes en el trabajo de reparación.

Una de las cosas que hace el terapeuta en este tipo de terapias es ayudar al consultante a ver cómo el problema se encuentra significado en su historia dominante y los efectos que esos significados tienen en la vida de la persona. Como ya se ha señalado, muchas veces el abuso aparece en la historia como algo de lo cual se tiene un grado de responsabilidad, generando culpa y vergüenza. Y esto porque, dentro de la dinámica abusiva, el abusador así lo hizo sentir. Por eso es muy importante deconstruir las verdades que se dan por hechas para reconstruir nuevos significados.

Asimismo, el terapeuta debe ayudar a visualizar las experiencias que no están incluidas en la historia dominante, porque no fueron distinguidas en los eventos que construyen la trama o bien porque la forma en que fueron significadas las dejaron ocultas. Estas experiencias y sus significados surgen en la conversación con el terapeuta, y así el rol de este es ayudar a que ellos sean descubiertos y resignificados por el consultante.

De esta manera, durante el proceso terapéutico va surgiendo una nueva narrativa en la cual es importante integrar la experiencia de abuso como un hecho significativo, pero con las significaciones adecuadas. A su vez, al rescatar las áreas libres de abuso en la vida del consultante se permitirá que la nueva narrativa incorpore sus fortalezas y nuevos significados, generando una narrativa en la cual el abusador ya no siga ejerciendo control y poder sobre la víctima. Todo esto favorecerá finalmente cambiar la identidad o autoimagen que la víctima se construyó desde su narrativa.

Como se ha señalado anteriormente, este proceso es largo y doloroso, pero muy necesario para la sanación de la víctima. Del mismo modo, es muy necesario reparar a las víctimas secundarias, con el fin de que puedan resignificar de otra manera los hechos ocurridos y así no solo sanarse, sino también apoyar de manera justa y comprensiva a la víctima. Finalmente, es muy importante «psicoeducar» y generar protocolos que permitan poner nombre a estos hechos, estableciendo mecanismos claros y justos para afrontarlos, siempre considerando el mayor cuidado de la víctima.

Para terminar, solo me gustaría volver a agradecer a todos los consultantes que confiaron en mí y que tuvieron la valentía de dejarse acompañar en este proceso; y a Yolanda, con quien nos embarcamos en esta linda tarea. Esperamos que este texto pueda ser una ayuda para todas las personas que han pasado por situaciones parecidas o una ayuda para quienes deben acompañarlas. No hay que dudar que se puede salir adelante, que la sanación es posible y que eso permite, finalmente, pasar de la oscuridad a la luz.

2. Desde la víctima

Siento la necesidad imperiosa de dedicar tiempos para mí, para estar en soledad y silencio, en contemplación. Siento que es momento de seguir rompiendo inercias y abrirme a espacios interiores menos transitados por mí.

Quiero comenzar un nuevo diario no de reparación, sino de agradecimiento, principalmente por estar viva. Quiero con este nuevo diario poder tomar distancia de mí misma, de mis circunstancias, incluso de mi propia historia, para ver más alto, más profundo, más de Dios.

«Somos como enanos sobre los hombros de gigantes para que podamos ver más cosas que ellos y más distantes» (Bernardo de Chartres).

Ese es el ejercicio cotidiano que me siento llamada a realizar, seguir tomando conciencia de mi ser limitado y frágil que ante el abrazo de Dios Padre-Madre puede ver más allá de mí misma, con más distancia para aprender a saborear otros olores, ritmos y experiencias que hoy la vida está poniendo ante mí.

Gracias por estar viva, por seguir en pie cada día, por haber podido mirar los huesos desparramados de mi historia y con coraje reconstruir mi vida y seguir adelante. Gracias por haberme puesto un compañero en mi vida. Un amor concreto y cotidiano que me invita con paciencia a dejarme amar con dignidad, ternura y afecto.

Quiero comenzar un camino nuevo en el que seguir más centrada en mí y desde mi centro, salir a otras personas. Un camino de mayor agradecimiento, quietud y silencio.

Me encuentro en un momento de mi vida en el que volver a mi interior y preguntarme ¿quién soy?, ¿qué quiero?, ¿dónde está Dios? Camino auténtico de profundidad, silencio y soledad.

Soy alguien que, habiendo sido y siendo, quiere llegar a ser. Soy la que fui, la que fue formada, gestada, amada, la que confió y se decepcionó, la que amó y sufrió, la que murió y resucitó. Soy la que estoy siendo en esta mi nueva vida, con mayor conciencia y presencia. Soy la que quiero llegar a ser, esa mariposa que quiere seguir volando y desplegándose sin miedo, sin prisa ni precipitación, saboreando cada paso, cada vuelo y recorrido.

Gracias por ser y existir, gracias por mi esencia única, singular e irrepetible.

He querido terminar este libro con un extracto del diario de agradecimiento de una mujer que, después de un proceso largo de reparación, vive vuelta a la Luz. Con este breve fragmento quisiera al final de este libro volver a poner en valor algunos de los elementos centrales en el proceso de reparación de las personas que han sido víctimas de abuso sexual y lo han develado en la edad adulta. En esta etapa vital de la edad adulta acontece la crisis de la mitad de la vida, que se caracteriza fundamentalmente por una reflexión profunda sobre el sentido de la propia vida, con fuertes sentimientos de insatisfacción ante ella. Asimismo, aparece con fuerza una búsqueda de identidad y de un sentido renovado. En este proceso de reflexión y de búsqueda de la identidad y sentido, algunas personas develan situaciones de abuso sexual que han vivido en otras etapas de su vida.

El proceso de reparación de estas personas se puede comparar con el proceso de metamorfosis de una mariposa. Este proceso simbólico refleja cómo la crisis, a pesar de ser dolorosa y desafiante, también puede ser una oportunidad de transformación y renacimiento.

Durante el proceso de reparación de las víctimas, estas se encuentran con muchas dificultades y sufrimientos, tales como el dolor que provoca develar los hechos del abuso por una persona del círculo de confianza, el sufrimiento recibido por parte del entorno de la víctima, que en algunos casos se manifiesta en aislamiento, cuestionamiento y difamación. Todas esas dificultades y sufrimientos se manifiestan en las víctimas en su propio cuerpo, en el cuerpo del dolor. Ese proceso de transitar de la oscuridad a la luz les supone un camino muy largo y doloroso. Es decir, se trata de un camino de paso de vivir en una pesadilla a volver a la conciencia, a liberarse en definitiva del poder de la persona abusadora y del entorno abusador.

Se trata de un proceso de transformación, de paso de la disociación a la unificación y la integración, del cuerpo del dolor al cuerpo del amor, de la desconfianza a la confianza lúcida, de la pesadilla a la conciencia, de los entornos abusivos, manipuladores y ambivalentes a entornos sanos y seguros.

Para ello, es clave que la víctima se sienta acompañada durante todo su proceso de develación del abuso, de deconstrucción de su historia dominante, de reparación y de integración. Este acompañamiento tiene como objetivo ayudar a ir redescubriendo su propia vida libre del abuso y liberada del poder del abuso que llega incluso a irrumpir en la intimidad de la víctima. En palabras de Gabriel García Márquez, «no somos lo que nos ha pasado, sino cómo nos contamos lo que nos ha pasado».

Otro elemento importante para el proceso de reparación está relacionado con la externalización de la culpa de la víctima. En palabras de Eduardo Galeano: «Que la culpa cambie de bando», esto es, que la culpa sea asumida por la persona abusadora, por el entorno que lo provocó, y para ello es clave la justicia como método de reconocimiento social de la víctima. Una justicia que se concrete en actos de reparación moral y económica para la víctima, en reconocimiento de los hechos y acciones de abuso, y en la búsqueda genuina de prevenir que esas situaciones no vuelvan a ocurrir.

Y junto con la justicia quisiera poner en valor la importancia de que el abuso se cura con buen trato. Es decir, la sanación y el proceso de reparación requiere de entornos y experiencias de empatía, respeto, buen trato, que se traduzcan en relaciones y entornos donde se escuche sin juzgar, se validen las emociones y necesidades de la otra persona y se construya un ambiente seguro y amoroso. Esos entornos sanos y seguros permiten que la víctima se sienta valorada, respetada y querida, algo fundamental para su proceso de reparación.

Gracias, Margarita, por este trabajo compartido de poner voz a las vivencias de las víctimas. Ojalá sea de ayuda a todas aquellas personas que se encuentran en procesos de reparación.

Termino con la letra de una canción que nos invita a vivir en la Luz:

Soy luz (India Arie)

No soy mi piel ni mi cabello.
No soy el color de mis ojos.
No soy mi figura ni mi cara.
Yo soy mucho más que todo eso.

Soy lo que se ve en el corazón.
Soy la voz que canta en mi interior.
Soy la esencia de mi alma.
Soy la luz de mi propio ser.

Soy luz, soy amor.
Soy la fuerza que me hace crecer.
Soy la fuerza que me hace crecer.
Soy luz, soy amor.
Soy la fuerza que me hace crecer.
Soy la fuerza que me hace crecer.

No soy las cosas que yo tengo.
No soy las personas que yo amo.
No soy el lugar donde nací.
No soy la tierra donde crecí.

Soy lo que se ve en el corazón.
Soy la voz que canta en mi interior.
Soy la esencia de mi alma.
Soy la luz de mi propio ser.

Soy luz, soy amor.
Soy la fuerza que me hace crecer.
Soy la fuerza que me hace crecer.
Soy luz, soy amor.
Soy la fuerza que me hace crecer.
Soy la fuerza que me hace crecer.

Soy la luz.
Soy la luz.
Soy la luz.

Soy luz.
Soy luz.
Soy luz.

REFERENCIAS BIBLIOGRÁFICAS

BOSZORMENYI-NAGY, I. / SPARK, G., *Lealtades invisibles. Reciprocidad en terapia familiar intergeneracional.* Buenos Aires, Amorrortu, 1983.

LECANNELIER, F., *El trauma oculto en la infancia. Guía científicamente informada para padres, educadores y profesionales.* Santiago de Chile, Penguin Random House, 2018.

PERRONE, R., «Violencia, abuso y hechizo en la familia. Terapia y prevención», en O. VILCHES (ed.), *Violencia en la cultura. Riesgos y estrategias de intervención.* Providencia, Sociedad Chilena de Psicología Clínica, 2000, pp. 41-57.

ÍNDICE

COLECCIÓN GS

Sociedad y Reino de Dios, JOSEP MARIA ROVIRA BELLOSO
Lo impuro, JEAN GUITTON
La propuesta moral de Juan Pablo II, MARCIANO VIDAL
Análisis de la sociedad y fe cristiana, JOSÉ MARÍA MARDONES
Ética civil y religión, ADELA CORTINA
¿Hacia una guerra de religión?, ROGER GARAUDY
¿Tolerancia o apostasía?, CARLOS DÍAZ
Raíces bíblicas de la fe cristiana, RAFAEL AGUIRRE
El arte y la belleza de Dios, RICHARD HARRIES
Religión y mundo moderno, LLUIS DUCH
Elogio de la conciencia, PAUL VALADIER
El hombre imaginario, ANTONIO BLANCH
«Clérigos» en debate, JOSÉ IGNACIO GONZÁLEZ FAUS / CARLOS DOMÍNGUEZ
   MORANO / ANDRÉS TORRES QUEIRUGA
Ser cristiano en una cultura posmoderna, JUAN MARTÍN VELASCO
Religión, JACQUES DERRIDA / GIANNI VATTIMO (eds.)
Religión sin religión, MARIANO CORBÍ
Presencia elusiva, GABRIEL AMENGUAL
El Señor de los ejércitos, XABIER PIKAZA
No olvidemos el Vaticano II, GUSTAVE MARTELET
La experiencia bíblica, ANTONIO BENTUÉ
El seguimiento de Cristo, UNIVERSIDAD PONTIFICIA COMILLAS
Podremos vivir juntos, ALAIN TOURAINE
Teología de la liberación en América Latina, JON SOBRINO
Dios en los límites, JOSÉ ALVILARES
La palabra partida, ELMAR SALMANN
La anarquía de los valores, PAUL VALADIER
Feminismo y ética, MARCIANO VIDAL
Religiones públicas en el mundo moderno, JOSÉ CASANOVA

En el espesor de las cosas. Compromiso o intransigencia, PAUL VALADIER

Religión, espiritualidad y ética para tiempos de incertidumbre, FRANCISCO JOSÉ ALARCOS MARTÍNEZ (coord.)

Teología de la salud, FRANCISCO ÁLVAREZ

El futuro de la teología cristiana, DAVID F. FORD

Entre los gentiles. Debates entre cristianos e increyentes, DEMETRIO VELASCO (coord.)

Regresar a Jesús de Nazaret, RAFAEL LUCIANI

Vaticano II y teología de la liberación, ISABEL CORPAS DE POSADA (coord.)

El poder de la parábola, JOHN DOMINIC CROSSAN

Celebrar con los Salmos, LUIS ÁNGEL MONTES PERAL

El papado en la Iglesia y el mundo de hoy, DIEGO TOLSADA (coord.)

La conversión del papado y la reforma de la curia vaticana, JESÚS MARTÍNEZ GORDO

Juan de la Cruz y el evangelio de la gratuidad, JOSÉ VICENTE RODRÍGUEZ

La pastoral de las grandes ciudades, Cardenal LLUÍS MARTÍNEZ SISTACH (ed.)

Del Vaticano II a la Iglesia del papa Francisco, JOAQUÍN PEREA GONZÁLEZ

Creo en la Iglesia, JUAN MARTÍN VELASCO

La misión evangelizadora de la Iglesia, JUAN CARLOS CARVAJAL BLANCO (coord.)

La filosofía como sábado, MIGUEL GARCÍA-BARÓ

El papa Francisco y la teología del pueblo, RAFAEL LUCIANI

Sabiduría bíblica, sabiduría política, PAUL VALADIER

Teología pública, GONZALO VILLAGRÁN

Laicado y misión, FABRIZIO MERONI / ANASTASIO GIL (coords.)

Condición humana y ecología integral, AGUSTÍN DOMINGO MORATALLA

Teología de la relación, JOSÉ MANUEL ANDUEZA SOTERAS

La misión, futuro de la Iglesia, FABRIZIO MERONI / ANASTASIO GIL (coords.)

El Discurso del monte o la donación de Dios como Padre. Interpretación de Mateo 5-7, SANTIAGO SILVA RETAMALES

Biografía teológica de la transición política española (1965-1982), LUIS JOAQUÍN REBOLO GONZÁLEZ

De la teología de la liberación a la teología del papa Francisco. ¿Ruptura o continuidad?, JOSÉ FRANCISCO GÓMEZ HINOJOSA

Fidelidad a Cristo, fidelidad a la tierra, TOMÁS JESÚS MARÍN MENA

Trinidad, tolerancia e inclusión, JUAN PABLO GARCÍA MAESTRO (coord.)

Ateos y creyentes. Qué decimos cuando decimos «Dios», JESÚS MARTÍNEZ GORDO

El principio compasión. Vivir desde una ética samaritana, JOSÉ RAMÓN PASCUAL GARCÍA

Una Tierra nueva, DOMINIQUE BOURG

El hombre, maravilla de Dios, BERNARD SESBOÜÉ

La necesidad de hacerse pobre en la vocación laical, TERESA ZAMORANO MARTÍNEZ

En camino hacia una Iglesia sinodal, RAFAEL LUCIANI / Mª TERESA COMPTE (coords.)

Bautizados y enviados, OBRAS MISIONALES PONTIFICIAS

Un giro radical, JOAQUÍN PEREA

Francisco, pastor y teólogo, DANIEL PALAU VALERO (ed.)

Ser madre: ¿opción, destino o vocación?, ANTONINA MARIA WOZNA

Violencia, imperios y monoteísmos, JUAN LUIS DE LEÓN AZCÁRATE

Del eclipse de Dios al resplandor de su misterio, MIGUEL RUBIO

Sinodalidad y reforma, RAFAEL LUCIANI / SERENA NOCETI / CARLOS SCHICKENDANTZ (coords.)

La aventura de creer, MIGUEL RUBIO

Sed misericordiosos como vuestro Padre es perfecto, JOSÉ MANUEL ANDUEZA SOTERAS

La ética del trabajo, LEOPOLDO GAMARRA VÍLCHEZ

Sinodalmente. Forma y reforma de una Iglesia sinodal, RAFAEL LUCIANI / SERENA NOCETI

El carisma profético en la Iglesia de hoy, MÓNICA DÍAZ ÁLAMO

Parroquia urbana en salida, sinodal y samaritana. Memorias del Congreso Internacional de Pastoral Urbana, Ciudad de México, 4-6 de octubre de 2022

Las experiencias del sufrimiento en la mística cristiana femenina, NOELIA BUENO GÓMEZ

La mística en las tradiciones no cristianas: el reto de la no-dualidad. La Cábala y el sufismo, la mística hinduista, buddhista y taoísta, VICTORINO PÉREZ PRIETO

Eucaristía total y transfiguración del universo, JOSÉ MANUEL BERNAL LLORENTE

Teología de la experiencia de Dios, EDUARDO CASAS

Diálogo. La vía propuesta por el papa Francisco, RIXIO GERARDO PORTILLO RÍOS